ポストコロナ時代の高齢者ケア

2025

地域包括ケア
転換期に立って

［編著］

朝田　隆
筑波大学名誉教授
メモリークリニックお茶の水院長

村川浩一
東京福祉大学・大学院教授

第一法規

はじめに

　わが国においては、2025年に団塊世代が75歳以上となる超高齢社会を目前に控えるなか、2020年、新型コロナウイルスの脅威＝パンデミックに見舞われ、高齢者保健福祉をめぐる環境は激変している。感染症対策は今後、高齢者ケアを考える上で必須の要件となった。

　一方、日本の高齢者福祉施策においては2025年までに住み慣れた地域でその人らしい暮らしを生涯続けることができるよう、医療・介護・予防・住まい・生活支援が包括的に確保される体制──「地域包括ケアシステム」の構築を実現することが求められており、地域における高齢者ケアの体制整備に加え、感染症予防・治療対策という大きな課題が加わり、高齢者ケア領域にとってシリアスな局面となっている。

　そこで、2025年という転換期を前に世界史的な社会変動を経験し、今後の高齢者ケアはどうあるべきかを問う本書を企画した。

　本書は、第一線で研究や実践を進められている先生方にご協力いただき、認知症、老年医学、地域ケアの観点から「今」を客観的に把握するとともに、現在、現場で進められている先進的事例を取り上げることによって、介護現場で奮闘されている読者の皆様が、現在の立脚点とポストコロナ時代の社会福祉像を掴める内容になっている。

　序章では、認知症医学研究の第一人者である朝田隆氏が編著者として、コロナパンデミックによる異常事態を高齢者にとっての未知状況ととらえ、この時代に高齢者がどう健やかに生きていけるかを「生きがい」という観点から紐解き、本書全体に通底する基本的な考え方を提示している。

　第1章では、「新型コロナウイルス最前線」として、本書の制作段階でも刻一刻と感染状況が変わる中、各専門家にあらゆる観点から解説していただいた。まず、WHOでパンデミック対策に従事した経験を持つドイツ在住で医師の村中璃子氏が新型コロナとWHOの対応を論

じ、ドイツの状況についても触れている。次に、政府の新型コロナウイルス感染症対策分科会のメンバーでもある岡部信彦氏は新型コロナウイルスとインフルエンザの違いや対応について解説している。日本の高齢者福祉にも精通したスウェーデンのアンベッケン夫妻からは、コロナ禍のスウェーデンにおける高齢者ケアへの影響についてレポートしていただいた。さらに、編集部の責任において東京大学先端科学技術研究センターの児玉龍彦氏の国会での発言、動画配信サイトでの発言を抜粋・要約編集を行い、掲載することにした。

第2章では、「包括的で最適な医療・ケアの提供に向けて」として、まず、老年医学の碩学・秋下雅弘氏が高齢者のQOLやADLの重要性を示している。フレイル予防を提唱している飯島勝矢氏は「総合知によるまちづくり」の一環としてその意義を見出している。さらに、朝田氏が認知症における「共生」と「予防」という観点から近未来の課題を述べている。

第3章では、「高齢者ケアの現場から」として、まず、認知症ケアの外来診療の現場から精神科医の須貝佑一氏が、ポストコロナを見据え2030年までに解決すべき課題を洗い出している。次に、介護予防の先進自治体である大東市の逢坂伸子氏からは、予防とリハビリなどの実践を紹介している。伊賀市社会福祉協議会の平井俊圭氏からは、高齢者を守るための優れた消費者被害防止の取組みを紹介している。社会福祉法人・施設の現場から加藤馨氏は、外国人介護福祉士の受け入れとコロナ禍による影響をレポートしている。さらに、20年ほど前から地域に根差した認知症ケアにNPOとして取り組んでいる近藤るみ子氏がこれまでの法人の変遷と展開、今後の課題を具体的にレポートしている。

第4章では、「高齢者の生活を支える仕組み・技術」として、まず、高齢者居住という観点から井上由起子氏が、日本の高齢者の住宅事情を概観し所有形態による分析を行っている。次に、公的年金制度を専

門に研究している中尾友紀氏が日本における年金改革を振り返り今後のゆくえを示唆している。さらに、介護現場でその役割が期待されるロボット技術の活用による介護支援について、当該分野を牽引する本田幸夫氏・足立圭司氏が技術開発の現状と現場への導入・普及に関する課題、今後の展開を詳細に取り上げている。

　終章では、村川が地域包括ケアの原理に立ち戻り、問題の所在をふまえポストコロナにおける再構成の可能性と関連政策への提案を行った。

　本書では、各分野を牽引する専門家が、多様な視点から転換期の地域包括ケアシステムを取り巻く諸条件・諸要素について考察している。2030年代に向かっての模索・対論として、新しいオルタナティブを含む将来構想の一助として、読者の皆様にとって本書が少しでもお役に立てるよう願ってやまない。

2021年3月

編著者を代表して

村川浩一

ポストコロナ時代の高齢者ケア
2025 地域包括ケア転換期に立って

序章

未知との遭遇
新型コロナウイルスと高齢者ケア

未知との遭遇　新型コロナウイルスと高齢者ケア

朝田隆（筑波大学名誉教授、メモリークリニックお茶の水院長）

はじめに

　筆者が30歳台の頃に、ある先輩医師による、「小春日和の日に自宅に遊びに来た孫たちの笑い声が昼寝している自分に響くと、至福の気持ちになる」という随筆を読んだことがある。当時はそんなものなのかな、という程度であった。しかし自分が年齢を重ねると、人生後半なりの良さもあるようだと思えてきた。また年代に応じて生きがいや楽しみはさまざまだと考えるようになった。

　もっとも老年期は老年医学や精神医学の領域では、「喪失」という用語で特徴づけられやすい。世間一般では、粗大ゴミ、産業廃棄物、濡れ落ち葉、熟年離婚など「喪失」に関わる言葉はたくさんある。これらは本来、職場以外に居場所をつくってこなかった男性のためのものである。そのような男性にとって定年退職は致命的な危機である[1]。程度の差こそあれ、これは女性とて同じである。このように老年期を「喪失期」ととらえれば、現実の生活にはまさに夢も希望もなくなりかねない。

　しかし現実には老後を享受していると思われる人も少なくない。それだけに、以下では、老年期を「挑戦期」ととらえ、「新たな役割を獲得したり活動に挑戦したりすることで老年期の生活を変えられないだろうか？」というスタンスに立ちたい。

　まず本章のタイトルは「未知との遭遇」だが、高齢者ケアに関して何

1）榎本博明「高齢者の心理」『家計経済研究』70号（2006年）28〜37頁

が未知なのかを明らかにするところから始める必要がある。まず人類史上でも稀有と思われるパンデミック（爆発的伝染）という異常事態がCOVID-19（以下コロナ）によって引き起こされている現実がある。そしてこの感染力は凄まじく、高齢者の場合は罹患すると死亡する危険性が相当に高い。だから高齢者の身近に迫る感染死というリスクの中で、どうすれば健やかに生きていけるのかの問いに答えねばならない状況こそが、未知だと言えよう。

　つまり考えるべきは、これまで、喪失イメージだった老年期を、さらに逆風の未知状況において、挑戦期へとシフトさせる道筋である。本稿は、未知への対処の具体策を示そうというものではない。このコロナ時代に高齢者が少しでも健やかに生きていけるための考え方の基本を筆者なりに述べたい。具体的には、「生きがい」をキーワードにして、心の健康、次に身体の健康、さらに環境と制度という観点から何ができるかを考える。

1. 加齢に伴う性格変化

　老年期になると内向性が高まっていくとよく指摘される。そして頑固さなど好ましくない特徴が老年期になって目立ってきた場合、次のように説明される。すなわち知的能力や自己抑制力の低下や環境の変化のために適応が困難となり、本人の元来の性格特徴が先鋭化するからだと。しかし元々よく適応し、柔軟で調和的な性格の人は老人になってもそのような変化は示さないとされる[2]。

　次に抑うつ性、心気性、ヒステリー性などの神経症傾向が、加齢によって強まるとの報告もある[3]。もっともこれは加齢そのものではなく、これに伴った体力の衰え、病気になりやすさ、退職や身近な人の死など

2）下仲順子「人格と加齢」下仲順子編『老年心理学』（培風館、1997年）62～96頁
3）Postema, L.J. Schell, R.E. Aging and psychology' Some MMPI evidence for seemingly greater neurotic behavior. J Clin Psychol. 1967; 23: 140-143

の喪失体験といった否定的な現実によりもたらされる当然の変化ともみなせる。

　これらとはまったく逆のことも言われる。中里と下仲[4]は、25〜92歳の人たちを対象とした調査により、不安状態も特性不安も加齢とともに低下すると述べている。つまり不安傾向は年をとるにつれて低くなり、老年期は生涯の中で最も心理的に安定した時期だという。

　しばしば指摘される加齢に伴う性役割の逆転現象がある。これは男性が女性化し女性が男性化する傾向をさす。しかし逆転というより男女ともに「両性具有的」になると考えたほうが良いかもしれない[5]。これは老年期の健やかな生活において現実的で有用な考え方だと思う。事実、最近では臨床の場でこのような考え方で実生活を営んでいるご夫婦にお目にかかることも少なくない。

　以上のように、一般的なイメージとは異なり、加齢に伴う性格変化には多面的性があり、その方向も一律ではないようだ。

2. 生きがい

(1) 生きがいとは

　新型コロナウイルス下の高齢者ケアを考える上で、最初に生きがいという言葉に注目したい。生きがいとはそもそも生きることの喜び、張り合いであり、生きる価値である。しかし日本語におけるこの「生きがい」が持つ意味はとても広い。

　まず日常用語的には、心を明るくしたり前向きな気持ちにしたりする楽しみという意味での、趣味、家族、ペット、美容などが代表的だろう。これに対して、生きている充実感や人生の張りの源を意味することもある。これは、「ブルーゾーン」の概念のものとにアメリカ研究者ダ

4）中里克治、下仲順子「成人前期から老年期にいたる不安の年齢変化」『教育心理学研究』37巻2号（日本教育心理学会、1989年）172〜178頁

5）星薫「老年期の認知・記憶・知能」竹中星郎、星薫編著『老年期の心理と病理』（放送大学教育振興会、2002年）103〜118頁

図. 生きがいのベン図

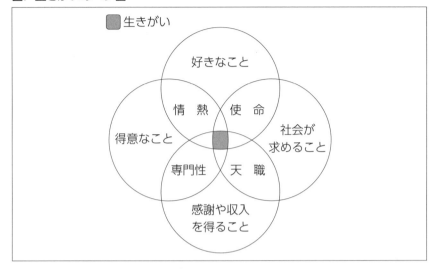

ン・ベットナーが沖縄の長寿の理由の1つとして「生き甲斐」（ikigai）に言及したことで、2000年代以降の欧米でも広く知られるようになった。生きがいをまとめると図のようになる[6]。

　たとえば私の知人の医学者ホワイトハウスは、生きがいを satisfaction out of life と訳してくれた。筆者は、これを人生の収穫の喜びと解釈している。以上の2つが代表的な生きがいであろう。

　さらにわが国では、精神科医であった神谷美恵子がハンセン病療養所における調査から1966年に「生きがいについて」[7]を発表したことで生きがいが注目されるようになったと言われる。これは極限において「人間を根底で支えるものとは？」を問うものであった。これは「窮境的な希望とは？」など死生観にも通じる現代的なテーマでもある。

　以上3つのタイプの生きがいを述べたが、多くの人はその比率に違いがあってもそれぞれの生きがいを持っているだろう。どの意味であれ、

6）Héctor García, Francesc Miralles. Ikigai: The Japanese secret to a long and happy life. 2016.
7）『生きがいについて　神谷美恵子コレクション』（著者：神谷美恵子、解説：柳田邦男）（みすず書房、2004年）

一生を通して生きがいを持つことは望ましいことは言うまでもない。ところがコロナの有無とは無関係に、元々が老年期と生きがいとは併存しにくいと思われがちであった。なぜなら社会的な役割や健康をはじめとする多くを失いがちだからである。ところが実際には、多くの高齢者は、そのような思いにさいなまれることなく生活しているようだ。その背景には、老いや喪失感に対して、個々人の「生きがい」が拮抗して自然と受容できているからだと考える者もあった[8]。

　ところが、コロナの時代になって、この生きがいに新たな危うさが出てきた。たとえば、マスコミでも報道されるように現在高齢者施設や病院における個人と家族の面会は容易でなくなっている。普通の人が生きがいと言うとき、最も多いと思われる家族や交友関係といったつながり・絆の窓口が、これにより断たれているのである。あるいは食事会や旅行、運動などもよくある生きがいだが、これらの多くは戸外でやるものであり、面会・外出の制限や自粛のもとではかなり難しくなった。とは言え、なんとかこれらの生きがいは実現したい。そこで課題は、感染の可能性をいかに低くするかであり、対応の工夫になるだろう。

(2) 臨床現場で聞く高齢者の生きがい

　由紀さおりが「今あなたは目ざめ　煙草をくわえてる…」と歌った歌謡曲「生きがい」（1970年発売、作詞：山上路夫、作曲：渋谷毅）がある。この曲の歌詞のテーマは愛しい人が生きがいだという若い女性の思いだろう。しかし生きがいは、年代によってもさまざまに異なる。それだけに同じ個人でも年齢とともに生きがいの内容が変わっていっても不思議ではない。

　青春期から30歳台であればこの由紀さおりの曲のテーマのように異性との愛や生殖などに関わるものが多いだろう。また働き盛りの世代なら

8）日本老年行動科学会（監修）『高齢者の「こころ」事典』（中央法規出版、2000年）80〜99頁、144〜145頁

家庭や育児、あるいは仕事になるだろう。なお上に示した生きがいのベン図は主として人生の充実期とされるこの世代にもっとも合致しているかと思われる。そして老年期に入ると孫の成長や家族の安寧などへと移っていくのが、一般的な推移かもしれない。

　さて内閣府の調査によれば高齢者の3分の2は生きがいを持っている[9]。それだけに高齢者医療の場でこれを尋ねることは、臨床の場で使える1つの質問だと思う。事実筆者は、「あなたの今の生きがいは？」と質問することがある。回答では、世上言われるように、孫などの家族、友人との交友、旅行、習い事や趣味、ペットなどが多い。つまり意識しない何気ないものが普通である。これらに関して少し質問を投げかけると、意外なほどの反応があって多少とも深い話ができることもある。またその人の人柄や人生歴にも関わるような情報が得られることもある。

　次に筆者が「人生の収穫の喜び」と訳した satisfaction out of life レベルの生きがいがある。たとえば元教師で、かつての教え子たちが慕ってくれて同窓会のたびに呼んでもらえるという人がいる。また80歳を過ぎた今でも町内会の世話役をして忙しくしていることが一番だと述べる方もある。あるいはかつて品種改良に努めたトマトを今でも自宅の畑で栽培し、季節になると知友に送り、「うまい！」と言ってもらうのが生きがいだという発言もあった。さらにかつて理事を務めた学会の集いに出かけて今時の進歩の講演など聞くと、わからなくても楽しい。刺激される感じがあって来年も必ず行きたい、と専門分野に関わる発言もある。

　こうしたレベルの生きがいが主な対象になるのだろうが、生きがいを以下のように述べた人がいる。「人から可愛がられること。感謝されること、そして必要とされることが揃えば生きがいがある」という。そのとおりであろう。

9）内閣府「高齢者の日常生活に関する意識調査（平成26年）」（2018年12月23日引用）

さて人生を根底で支える生きがいや死生観にまつわる発言を聞く機会はそうあるものではない。以上に述べた2種類の生きがいとは異なり、人生最後の希望や輪廻転生的なものに近いと感じられるレベルのものである。たとえば、自分が逝っても子供・孫がいるので、遺伝子のたすき掛けリレーができるから、自分が生きた証が残ると語った人がいた。担癌の高齢者で、「あの世に行っても先に逝った者たちがたくさん迎えてくれると思うから、それもまた楽しいと考えている」と述べた人もいる。

　以上のような意見、特に人生の収穫や死生観に関わる生きがいの言葉を聞くと、冒頭で述べた老年期の挑戦あるいは老後の享受といった言葉に真実味が出てくる思いがする。

(3) コロナがもたらす生きがいの喪失と対応

　普通には、生きがいは高齢化とともに減り、また心身の健康が損なわれると生きがいも失われかねないと考えられてきた。そこにコロナが加わった。上に述べたように、よくある生きがい、孫などの家族、友人との交友、旅行などは、自粛、ソーシャルディスタンス、3密回避などが強調される今日、その多くが大幅に制限される。さらに施設や病院で生活する者には、面会も外出もままならないことは当然になっている。加えて、近年ではわが国の介護予防の合言葉「通いの場」にまとめられる社会交流、またフレイルや認知症予防で強調される運動と知的刺激などの実施が困難になっているが、これもやむを得ないと考えられている。そこで以下ではこの現実をどうして行くべきかという観点から私見を述べる。ここでは個人的対応と集団的な対応に分けて考える。前者では高齢者施設や介護保険関連サービスの利用者を、後者では自治体等の介護予防事業関連への参加者を念頭に置く。

①個人的対応

　まず全国的に入所中の高齢者とそのご家族との面会が困難になったという問題がある。既述のように家族との絆は、高齢者にとって代表的な生きがいである。これが高齢者自身にも家族等の身近なものにも大きく制限されかねないのである。また一部の家族からは、外部の目が届かないことがスタッフを怠惰にし、高齢者に対するケアの質を下げているのではないかと危惧する声も上がり始めている。

　この問題はニュースでも報じられ改善が始まったと期待された。しかし現実には、今でも面会が原則不可能な施設は少なくないようだ。もっとも時間を15分程度と区切り、居室での短時間の面会、また面会室でガラスの仕切り越しに許可しているような例もある。また電話でのやりとりなら可という施設もある。さらにIT機器を使っていわゆるTV電話での面談を実施しているところもある。今は一部のみで行われているが家族に評判が良いのは、高齢者の居室からその生活を伝えられるようなTV電話の利用である。これからはこうしたIT利用が不可欠になるだろう。

　逆にローテクながらニュースレター的に個人と集団の近況を手紙やミニ新聞形式で家族に伝えてくれるものもある。また高齢者から家族に対して、施設でのアクティビティの成果報告も兼ねた絵手紙を送る試みにも温かみがあって心和む。

　次に施設での日々の生活を活性化させる意味でも、本人の語る具体的な生きがいはしっかり把握したい。それが人生の収穫的なレベルのものであればもちろん、意識しない日常生活レベルのものであっても、既述したように。思いがけないほど深く、興味深い話、また人生史や人となりに触れるような話がでることがある。これは相手をこれまでとは違った認識をして、日常的な会話の場で有用な話題になるばかりか自然な敬意につながることもある。またこうした素材は、ご家族へのレター・連絡ノート等においても喜ばれる素材になるだろう。

ところで回想法は、本来は暗くなりがちな人生後半を活性化するために始まったとされる。人生を省みることは、ある種の生きがいにも通じるようである。これに関して印象に深いものがある。これは20年位前に東京都の高齢者施設で見せていただいたものである。そこでは月ごとに入所者の誕生会を催すのだが、「この人に歴史あり」がテーマかと思わせるような催し物があった。つまりこの月に誕生日を迎える入所者の何枚かの写真を、個人ごとにブースを決めて展示するのである。前もってご家族等に持参してもらって、古い方から最近のものへと並べていた。当事者の心身能力によってその写真集をどの程度まで説明できるかには相当の幅があったが、当事者たち皆がいきいきした表情をしているのが印象的であった。

　なお施設内でのアクティビティに生きがいを見出す人もいる。それだけにこれに関しては、活動範囲を居住空間から少しでも広げる企画が望ましい。たとえばミニバスででかける小旅行は多くの高齢者の評判が良い。目的地としては、あまり人が集まらない公園や植物園、河川の土手などが望ましいかもしれない。いずれにしても閉ざされ、変化の乏しい日常から離れる体験は優れたリフレッシュになる。なおこの際、言うまでもなく3密を避ける対策は基本である。

②集団的な対応：通いの場

　こうした場のアクティビティとしては、運動系と文科系に大別されよう。いずれであっても従来は講師が参加者を目の前にして、実演・指導するのが基本であった。しかしコロナ時代の工夫としては、予め指導する内容を録画に編集しておき、それをモニター画面に映したものを見てもらう方法が飛沫防止の立場からは望ましい。さらにソーシャルディスタンスを守って並んだ参加者の間に、インストラクターが入って個々人を指導・サポートできるのが良いだろう。つまり機械だけでなく、人間を感じさせるものとの併用がないと利用者には受け入れられないと思わ

れる。

　さて音楽、特に歌唱は、高齢者のアクティビティとして、それがもつ
発散感や歌うもの同志の連帯感から最も人気があるかもしれない。しか
し歌唱はコロナの時代に最も憚られる活動の１つになっている。なんと
か合唱ができないか？という声をよく耳にする。完全に感染予防をして
歌えるという方法はもちろんないだろう。しかし工夫すべきは以下の観
点と思われる。３密を避けること、飛沫を飛ばさないこと、確実な換気
をすることが代表である。そこで具体的な対応を表にまとめてみた。

表. 歌うための工夫

```
３密を避ける
　ソーシャルディスタンス（２ｍ以上）
　グループを細分化（例：全部で30人なら10人ずつ３組にする）
　３グループそれぞれ異なる役割（例：歌唱、手拍子、振り付け）

飛沫を飛ばさない
　歌えるマスク（例；先端がマスクで覆われたメガホンタイプ
　フェイスシールドとマスクの単独使用、また併用

換気
　風向きを調べ窓は風上と風下の２か所開ける、風向きがポイント。
　扇風機とサーキュレーターの併用でこの自然の風を強める
　扇風機は風の出口付近に設置
　サーキュレーターは風の入り口付近に設置
（出入口間が遠いなら、真ん中付近にもう１台のサーキュレーター）
　部屋中の窓を開けると空気が渦巻いて出ていかないことに要注意
```

　これらはあくまで注目点であってこうすれば感染が防げるものではな
い。歌う環境や換気装置、感染の流行状況、参加者の希望などが基本に
ある。それらに応じて今後少しずつ再開するときに、最低限、留意、用
意していただきたいものに過ぎない。最近では、スーパーコンピュー
ター富岳などを用いてカラオケボックスや屋外などでも、マスクによっ
て、飛沫の拡散を抑制できるという新聞報道などもなされている（読売
新聞2020年11月27日）。

合唱の工夫はあくまで今の自粛を合理的に解決してゆく一例に過ぎない。With コロナから Post コロナの時代に向けて、関係者皆の知恵出しと工夫で一歩ずつ対応していきたいものである。

おわりに

本稿では、コロナ時代という未知で不利な状況で、これまで喪失イメージであった老年期を挑戦期へとシフトさせたいという方向性で日本固有の概念とされる「生きがい」を軸に論じた。もっとも「生きがい」は、その定義すら曖昧であるが、これを活かすヒントになる考え方が欧米にあるようだ[10]。以下は社会心理学者小樽雅章氏との話し合いによる。

ノーベル賞経済学者ジェームズ・ヘックマン教授は、「非認知的能力の開発」で、幼年者が将来社会生活を営むための能力として社会情動的スキルの必要性を主張した。「認知的スキルに対して、非認知的スキルの社会情動的スキルは、目標の達成、他者との協働（社交性、敬意、思いやり）、感情のコントロール（自尊心、楽観性、自信）の3つからなっている。「生きがい」はこの社会情動的スキルと親和性をもつよう感じられる。というのは、まず既述した具体的な「生きがい」はこれら3つを包含している。それだけに人生充実の糧として、「生きがい」を幼年期のみならず生涯を通じて習得し続けるべきだろう。そうした「生きがい」は認知症・MCIやフレイルへの既存の治療・予防法を支え裏打ちするものになり得ると思われる。そしてこの習得には社会心理学でいう「利他行為」が有用だと思われる。つまり「褒める」、「尊重する」、「挨拶、礼儀」など広い意味での利他行為は、本来社会情動的スキルである。他方それを受ける側においては「生きがい」の育み、助長につながることが十分に考えられるからだ。

---

10) Fostering and Measuring Skills: Improving Cognitive and Non-Cognitive Skills to Promote Lifetime Success. Tim Kautz, James J. Heckman, Ron Diris, Bas ter Weel, Lex Borghans. published in: OECD Education Working Papers, 2014, No. 110 [Online Access]

2021年の初頭では、終息がいつになるのかまだまだ見当もつかない。けれどもこの閉塞の時代に、たとえば「生きがい」をキーワードに、考え抜いたさまざまな利用手段を駆使し、当事者・そのご家族とつながっていくことが今の未知を生きることである。それが根付くことで、終息後の高齢者ケアは新たなステージで発展していくものと信じる。

第1章
新型コロナウイルス最前線

新型コロナパンデミックと WHO

1

村中璃子（医師・ジャーナリスト）

1. パンデミックとは何か

　2020年は、私たちの生活や人生にとって「パンデミック」という言葉が本当の意味で身近になった年だった。これまでは「パンデミック」という言葉が使われる際には、必ず「世界的流行」と日本語の説明がカッコ書きが付されていたとおり、一般の人にとってあまり馴染みのある言葉ではなかった。

　WHO（世界保健機関）がパンデミック宣言を出したのは、新型コロナウイルスが初めてのことではない。WHO は、2000年以降だけでも 4 回パンデミック宣言を出している。2002年の重症呼吸器症候群（SARS）、2009年の新型インフルエンザ、2014年の西アフリカ・エボラ出血熱、そして2019年の新型コロナウイルス（COVID-19）である。

　パンデミックとは、ヒトに新たに感染するようになった病原体（ウイルス）が、人類の誰もが免疫を持っておらず、ワクチンも存在しないがために効率よく拡散し、治療薬も存在しないために、多くの死亡者をもたらす状況である。

　記録に残っているパンデミック（世界的流行）として最大のものは、14世紀から19世紀にヨーロッパやアフリカで流行したペストだ。「黒死病」と呼ばれ、特に1346年から53年にかけての流行では、7 年間で推計7,500万人〜2 億人が死亡した。21世紀以降で最大のパンデミックは1918年から1920年にかけて流行したインフルエンザのパンデミック、いわゆる「スペイン風邪」である。アメリカ CDC（米疾病予防管理センター）は推計死亡者数を 3 年間で約5,000万人としている。この原稿を

書いている2020年11月15日現在、新型コロナによる全世界の死者が累計約130万人。現在の世界人口は中世よりも20世紀初頭よりもはるかに多い。人や物とともにウイルスもけた違いの量、スピード、範囲で移動するようになっているにもかかわらず、新型コロナでは相対的には死者の増加をゆっくりと押さえられていることがわかるだろう。

一方、「パンデミック宣言」を発表する立場にあるWHOのパンデミックの定義は意外に新しく、1999年に原形がつくられ、2005年に6段階に分けて整理されたものである。

筆者は改定が行われた2005年頃からフィリピンのマニラにあるWHO西太平洋地域事務局（WPRO）の新興・再興感染症チームで、2009年の新型インフルエンザ流行の際にはタイのバンコクにある南東アジア地域事務局（SEARO）に置かれたWPROのサテライト・オフィスでパンデミック対策に従事した。

WHOは世界約8,000人のスタッフをもつ、医療・保健に関する問題を取り扱う国際連合（国連）専門機関である。スイスのジュネーブにある本部を頂点に、アフリカ（AFRO）、アメリカ（AMRO）、東地中海（EMRO）、ヨーロッパ（EURO）、東南アジア（SEARO）、西太平洋（WPRO）と不可思議に区分された6つの地域事務局があり、その下に加盟国の各国事務局があるピラミッド構造をしている。他の国連機関とは異なり、WHOのアジア地域の事務局はフィリピンのマニラのWPROとタイのバンコクのSEAROの2ヵ所ある。国際連合児童基金（UNICEF）、国連開発計画（UNDP）、国際獣疫事務局（OIE）など、パンデミックの際に協働する他の国連機関のアジア地域事務局は全てタイに置かれているため、2009年に新型インフルエンザがパンデミックを起こした際にはWPROもSEAROの事務所内にサテライトオフィスをつくって活動をした経緯があった。

WHOに赴任した2005年当時は、東南アジアを中心にA（H5N1）インフルエンザが猛威を振るい、時には鳥などの動物からヒトへの感染が

報告されていた。ウイルスは宿主を変えて感染をくり返すうちに遺伝子変異を遂げ、動物からヒトへ、やがてヒト同士でも感染するようになる。Ａ（H5N1）インフルエンザは、鳥でもヒトでも高い致死率だったこともあり、また家庭内でヒトからヒトへと感染したと考えられるケースも見られるようになっていたことから、WHOも特にＡ（H5N1）型インフルエンザに強く警戒していた。

　筆者の仕事も、高病原性（毒性の高い）インフルエンザのサーベイランスや対策を中心としたものであり、WHOが次にパンデミックを引き起こすウイルスとして念頭に置いていたのもインフルエンザ、中でもＡ（H5N1）のような高病原性のインフルエンザだった。

　ところが、2009年、パンデミックを起こしたのは、病原性の低いＡ（H1N1）型のインフルエンザだった。しかも、当初は「豚インフルエンザ」と呼ばれていたとおり、Ａ（H1N1）型インフルエンザは、鳥からヒトへと直接感染した結果、ヒト－ヒト感染するようになったのではなく、まずは鳥から豚に感染するようになった後で豚からヒトに、それから、ヒト同士の間で感染するよう遺伝子変異を遂げていた。その後、Ａ（H1N1）には当初考えられていたよりも高い病原性はないこともわかり、パンデミックして世界に広がるだけ広がった結果、半年も経たないうちに毎年冬になると流行する季節性のインフルエンザとなった。

　パンデミックをめぐるこうした一連の事実に、私たちはもっと謙虚であるべきだったのだろう。インフルエンザ以外の病原体がパンデミックを起こす可能性についてももう少し議論しておく必要があった。ところが、WHOは相も変わらずインフルエンザだけを念頭に置いたパンデミックへの備えを進めていた。世界の研究者や政府もWHOと大きく違っていたわけではない。誰もが高病原性インフルエンザやエボラ出血熱のように「毒性は高いがヒトの間では簡単には広がらない病気」が、種を超えて感染をくり返すうちにある日ヒトに対する感染力を増し、効率よくヒト－ヒト感染する状態になることに警戒して準備を進めてい

た。特に WHO では、発展途上国のリソースも考慮し「抗インフルエンザ薬やワクチン以外の準備（non-pharmaceutical measure）」を重視していたにもかかわらず、日本ではアビガンをはじめとする治療薬の備蓄だけが進められた。インフルエンザを想定していたとは言っても、整えておくべきだったマスクやアルコール消毒の備蓄および緊急時の量産体制がなかったのは非常に残念な話であった。

2. WHO による「パンデミック」の定義

　先述のとおり、WHO のパンデミック・フェーズ（段階）の定義は1999年にインフルエンザウイルスを念頭に原形がつくられ、2005年に整理された。

　パンデミックとは感染症が世界的に流行している状況を示す言葉に過ぎず、パンデミック宣言が発せられたからといって、流行を抑止するための国際的な介入が行われたり、世界中の人々が WHO により何らかの制限を受けたりするものではない。WHO には国権を上回る力はない。できるのは、国際社会に注意を呼びかけ、助言を行うことだけである。WHO はパンデミック宣言を「各国が流行状況を把握し、流行拡大を抑止するための計画ツール」として、具体策については原則、国任せにしている。

　2005年、6段階に整理されたパンデミックの定義を見てみよう（図1）。

フェーズ1：動物での感染が知られるウイルスのヒトでの感染が確認されていない状態

フェーズ2：動物での感染が知られるウイルスのヒトでの感染が確認された状態

フェーズ3：ヒトでの小さなクラスター（集団感染）が報告されいるが、ヒトからヒトへの感染は市中感染を引き起こすほど効率よく感染が起きていない状態

図1．パンデミックの6段階

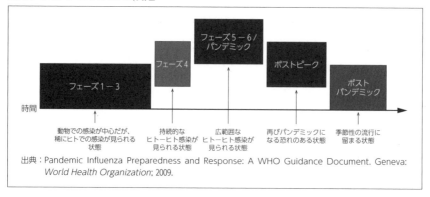

出典：Pandemic Influenza Preparedness and Response: A WHO Guidance Document. Geneva: *World Health Organization*; 2009.

フェーズ4：ヒトからヒトへと持続的に感染が広がり、市中感染が確認されている状態

フェーズ5：感染が2ヵ国以上でヒトからヒトへ広がっている状態

フェーズ6：感染がWHOの定める2つ以上の地域に渡って、2ヵ国以上で市中感染を起こしている状態

このうちWHOでは、「フェーズ5以上をパンデミックとする」と定めており、2021年1月現在、世界は「フェーズ6」にある。

ローカルな流行がパンデミックに至る過程を考える際の最大のポイントは、新たに出現した病原体が「ヒトからヒトへと持続的に感染するようになること」である。また、パンデミックが宣言されるタイミングはフェーズ5、すなわち「2ヵ国以上で持続的なヒト―ヒト感染が見られる状態になっている」ことである。

しかし、新型コロナではフェーズ5に相当する状態になってもパンデミック宣言が発表されることはなかった。それどころか、そもそも12月31日に武漢の原因不明肺炎として報告された最初のクラスターには、食用の野生動物の取引があった市場に行ったことのない人、つまり動物との接触歴がない人が含まれていたにもかかわらず、WHOは「ヒト―ヒ

表. WHO がパンデミック宣言を出すまでの経緯

2019.12.31	WHO に中国政府から武漢の原因不明肺炎について連絡
2020. 1. 7	中国は新型肺炎の原因は新型コロナウイルスと発表
1.10	新型ウイルスの遺伝子情報を共有
1.20	「ヒト‐ヒト」感染を認める
1.22〜23	「緊急事態宣言」を2度見送り
1.28	習近平国家首席、北京でテドロス事務局長と会見
1.29	テドロス氏、中国の WHO 視察の受け入れを発表
1.30	「緊急事態宣言」発表（貿易も渡航も制限を推奨しないという特例付き）
1月末〜5. 2	テドロス氏辞任を求める署名　100万件
3.11	パンデミック宣言
6. 3	AP 通信、中国が1月2日までに遺伝子解析終えていたとスクープ
7. 4	WHO に武漢肺炎の初報したのは WHO 中国事務局と訂正

ト感染」を認めることを避け続け、「ヒト－ヒト」感染を認めたのは1月20日になってからのことだった。

　1月22日、23日に開催された緊急会議では、パンデミック宣言の前段階ともいえる「緊急事態宣言（PHEIC）」の発表を2度見送り、初報から約1ヵ月後の1月30日まで発表を遅らせた。パンデミック宣言に至っては、その後、明らかに複数の国でヒト－ヒト感染が起きている状態になっても、「ヒト－ヒト感染は持続的でない」「パンデミックの一般的な定義にはいろいろあり、容易にパニックを引き起こす言葉であるので慎重に判断したい」などとして発表を引き延ばし、南極を除く全ての大陸で持続的な感染者が発生した状態になった3月11日、やっと発表に至った。発表に際しては、当時、流行の中心地であった、中国を含む全ての国との貿易と入国制限を推奨しないという異例の条件をつけるなど、政治的な配慮をうかがわせる動向が目立った。

　もっとも、繰り返しになるがパンデミック宣言は発表されたからといって、何らかの拘束力があるわけではない。パンデミック宣言は、あ

くまでも流行のフェーズ（段階）を評価し、世界に警告を呼びかけることを目的として発表されるものである。

WHO が高病原性のインフルエンザウイルスを念頭にパンデミックへの備えを進めていたことについては書いた。そんな中、2020年になって初めて注目を浴びるようになった警告がある。ジョンズ・ホプキンス大学のアメッシュ・アダルジャ教授らが2018年に発表した、「次にパンデミックを起こすのは、感染力が強い（広がりやすい）のに致死率が低く、発症しない人や軽症者の多い、呼吸器疾患を引き起こす RNA ウイルスである」という警告である。まさに新型コロナウイルスだ。

エボラや SARS、高病原性のインフルエンザであれば、感染すればほぼ確実に発症し、症状のある人だけを追っていけばウイルスの居場所が見える。ところが、軽症や無症状が多い新型コロナではウイルスの居場所がわからず、感染の広がりがはっきりしない。最近パンデミックを起こしたばかりのインフルエンザでもなく、限定的な地域の流行しかないが致死率の高いエボラや MERS のような病気でもなく、「発症しない人や軽症が多い呼吸器疾患こそ危険」というのは、それまでにない発想だった。

3. 居場所が見えないウイルスのパンデミック

当初、新型コロナはあくまでも症状の重い人を中心に感染が拡大していると考えられていた。しかし、しばらくすると無症状や軽症の人でも重い症状のある人と変わらない感染力を持ちうることがわかった。また、感染力のピークが発症前にあることや、一部の強力な無症状感染者（スーパースプレッダー）が密閉、密集、密接のいわゆる「3密」の環境でクラスターを形成しながら感染を拡大してることも明らかになっていった。

2020年5月にロックダウンが解除となった頃、筆者が暮らすドイツでは、日本がとった、「クラスター対策」に注目が集まっていた。ヨー

ロッパが深刻な第1波に襲われたのに対し日本が深刻な流行を経験しなかったのは、検査対象を絞った効率的なPCR検査戦略と3密回避、マスク着用などによる「クラスター潰し」に注力したからではないかとするものである。それからというものヨーロッパでは、日本の「3密」にあたる標語を謳ってマスクの着用を推奨し、何よりもクラスターをつくらないこと、クラスターが生じた際にはPCR検査を徹底的に行って濃厚接触者の追跡調査を行いクラスターを潰すこと、に重点が置かれるようになった。

ところが8月、ドイツおよびEUの新型コロナ対策を統括するウイルス学者、クリスティアン・ドロステン氏がドイツの新聞「Zeit」にある衝撃的な論考を発表した。「PCR検査で感染者を見つけた際には、その感染者はすでに感染力をほぼ失っている」というものである（図2）。

ドロステン氏によれば、新型コロナには最大で2週間ほどの潜伏期がある。感染者は発症の2日前くらいから感染力を持ち始め、発症の前日に感染力のピークを迎える。しかし、ある人が発症し、「具合が悪いな」

図2. 感染力と発症日、PCR陽性確定日の関係

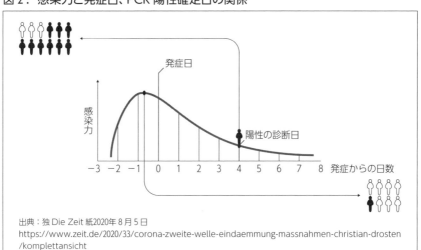

出典：独 Die Zeit 紙2020年8月5日
https://www.zeit.de/2020/33/corona-zweite-welle-eindaemmung-massnahmen-christian-drosten/komplettansicht

と思ってまずは早目にベッドに行って1日。翌日になって「ただの風邪かもしれない。もう少し様子を見よう」と検査をためらうところでまた1日。「やっぱり検査を受けよう」と決断し、検査施設や相談センターに連絡しても、「医者の判断による」「今日は予約がいっぱいです」と言われてその日のうちに検査が受けられないところでさらに1日。翌日には受けられると連絡をもらい、検査を受けたは良いが、結果が判明するまでにさらに1日。結局、PCR検査で陽性が判断するまでには、発症から平均で4～5日ほどが経過している。つまり、発症のピークからはすでに6日から1週間が経過しており、PCR検査を実施すれば確かに陽性になるかもしれないが、その時点でその人は感染力をほぼ失っているというのだ。

　これはPCR検査が、感染力の最も高い、隔離が最も必要とされる状態にある感染者の発見には役立たないことを意味する。正確には、症状をベースとした「陽性者を見つけるためのPCR検査」は、クラスター抑止には寄与しないと言える。症状から感染者を見つけ、その人の濃厚接触者を割り出したところで起こるべき感染はすでに起きている。濃厚接触者もすでに他の人を感染させている可能性が高く、更なる感染拡大を防止するには遅いのだ。「PCR検査の実施件数が多ければ多いほど、流行が抑えられるという訳ではない」というジレンマの理由はこの辺りにある。

4. ドイツ版「経済を回すためのPCR」

　そこで出てきたのが、PCR検査を「陽性者を見つけるため」でなく、「無駄な隔離をなくすために用いよ」という考え方である。ドイツでは2020年11月から入国の際のルールを大きく変更させた。リスク地域からの入国者は引き続きPCR検査の結果にかかわらず10日間の隔離が必要だが、「入国後5日目以降に受けたPCR検査で陰性が確認されれば隔離を終えてよい」との緩和条件が追加された。

これまでは、空港で実施されるPCR検査を潜り抜けてしまう発症前・無症状の感染者の可能性を考慮し、検査結果にかかわらず一律の隔離を要請していた。ところが、これからは不必要な隔離を長引かせることはせず、新たに感染が起きる可能性のない環境で無症状のまま5日が過ぎ、その時点でPCR検査陰性であれば隔離を解除して良いとするものだ。

　日本でも「経済を回すためのPCR検査」という言葉がある。これは無症状でも希望者にはPCR検査を実施し、陰性の証明を与えることで自由に行動できるようにするという趣旨で使われている。しかし、日本を参考にドイツが編み出した「経済を回すためのPCR検査」は、隔離期間を1日でも短くし、1日でも早く経済活動に戻れるようにという意味だ。

　また、PCR検査はクラスター潰しには役立たないことから、陽性者を探すためにはPCR検査ではなく、唾液抗原検査を用いることが模索されるようになっている。当初、PCR検査よりも感度・特異度ともに低く、偽陰性・偽陽性を生むと言われていた抗原検査だったが、特に無症状の感染者に関してはPCR検査に匹敵する高精度の抗原検査キットも登場し、場面に応じて、より安価で迅速な抗原検査への切り替えが進められている。

　ドイツ政府はPCR検査を「高齢者などリスクグループの死亡率を下げること」を目的として用いるべきであり、全て感染者を見つけ出し、記録するためではないとしている。そのため、国が無償で実施する行政検査の対象は2020年11月現在、

①重症の呼吸器症状のある人　　／　　②濃厚接触者

③重症度にかかわらず呼吸器症状があって

　　・リスクのある人

　　・高リスクの人と日常的に接する医療従事者、介護施設等で働く人

　　・10人以上の集会に参加した、換気の悪い環境にいたなど、ウイル

スに暴露したリスクの高い人

・急性呼吸器症状のある人が家庭内にいる人

・多くの人と日常的に接触のある人（教師、合唱の指導員、セックスワーカー）

・リスクのある人が家庭内にいる人

④症状が悪化した人　／　⑤リスク地域から入国した人

である。

　ドイツではパンデミック開始から短期間でPCR検査のキャパシティが急増し、日本よりもかなり簡単にPCR検査を受けられる環境は整っている。筆者の周囲でも風邪症状が出て心配になり、PCR検査を受けた人はたくさんいる。しかし、必要のないPCR検査に公費が用いられることについては強い批判があり、症状があっても上記の①から⑤に該当しない人が「安心のため」「念のため」に行うPCR検査は一貫して自己負担であり、当初は無料だったリスク地域から入国の際のPCR検査についても自己負担となったことは特筆しておきたい（2021年1月現在）。

5. これまでのパンデミックと新型コロナパンデミックが決定的に違うこと

　3密回避、換気、消毒、マスク、ソーシャルディスタンシング、テレワーク、PCR検査、ワクチン、治療薬──。感染症対策といえば、医療施設や介護施設など特殊な場所や環境だけで意識され実践されるものであった。しかし、新型コロナパンデミックにより、現在では世界中の人々が感染症対策を日常的に個人レベルでも実践することが求められている。

　感染症対策の最大の目的は、リスクのある人をウイルスから守ることである。これはどんな病原体に対する感染症対策においても同じである。しかし、新型コロナ対策が他の感染症の対策と大きく異なるのは、リスクグループの人だけがマスクを着用したり外出を避けたりすることで自らを守ることだけでなく、リスクのない健康な人たちまでマスクを

着用することや、帰省・見舞い等を自粛すること、場合によってはロックダウン（都市封鎖）といった社会機能を麻痺させることで流行拡大を抑止することが要請されている点である。

　医療施設や介護施設ではパンデミック以前から、ウイルスや細菌を「持ち込まない、持ち込ませない、広げない」ことが最重要課題として認識されている。しかし、新型コロナが殊更にやっかいなのは、多くの人の間で軽症もしくは無症状であるため施設への侵入を防ぎ切れないためだ。加えて、咳やくしゃみなど飛沫の発生を伴う症状が生じた時点ではもちろんのこと、感染者がのどの痛みやだるさなどの外から見えない症状を自覚した時点において感染力はすでにピークを迎えている。最初から最後まで症状の出ない感染者でも、換気が悪いなどの環境では感染を広げうることがわかっている。つまるところ、自覚・他覚症状のない元気な人を含む誰もが「ウイルスの運び屋」になりうる。

　見舞いや業者の出入りに一定の制限をかけることはできるが、ゼロにはできない。見舞いが来ないことの弊害も大きい。医療や介護を行うスタッフにも、それぞれの生活やライフスタイルがあり、ウイルスを完全にシャットアウトすることはできない。そのため欧州では、見舞いを完全になくすのではなく頻度を減らすにとどめ、スタッフの定期検査をするなどして何とかバランスを取ろうとしている。しかし、活動性の高い若い人を中心に市中感染が拡大すれば、ウイルスは必ず医療施設や介護施設にも到達する。医療施設や介護施設でのクラスターを完全に防いでいる国がないのが現状だ。そういった中、政府は経済を回すことと流行抑止を天秤にかけざるを得ず、一般の人たちは諦めと反発をくり返しながら制限を受け、医療・介護に従事する人たちは責任と緊張を強いられる悲惨な状況はしばらく続くだろう。

　とはいえ、終わらないパンデミックはない。その日まで、パンデミックという歴史の大舞台に生きる医療者として、自覚と希望をもって日々働いていきたいものである。

新型コロナウイルス感染症(COVID-19)と（季節性）インフルエンザ

岡部信彦 （川崎市健康安全研究所所長）

はじめに

　毎年流行が繰り返される季節性インフルエンザ（以下本稿ではインフルエンザ）。流行が大きいと1シーズンに1千数百万人、流行が小さくても数百万人が医療機関を受診し、死亡数は流行規模によって異なるが数千人から1万人ほど、致死率は0.1%程度と推定されている。一方2020年に明らかとなった新型コロナウイルス感染症（COVID-19）は、2021年1月15日現在、感染者数31万4,497人、死亡数4,379人、致死率1.4%である。インフルエンザと新型コロナの同時流行、ツインデミック、ダブルパンデミックなどという言葉が登場していたが、同じく2021年1月15日現在、日本を含む北半球におけるインフルエンザはひっそりとしている。過剰な不安は避けるべきであるが、少なくとも1シーズン数百万人規模以上の発生があるインフルエンザに対して、いつもと同じ程度の備えはしておく必要がある。

　呼吸器系ウイルス性疾患として新型コロナウイルス感染症とインフルエンザは共通点も多くある一方、異なるところも多々あり、感染症として基本的な事項について両者を比較してみた。

1. 病原体

　インフルエンザ：インフルエンザウイルスはエンベロープ（脂質膜）を有するRNAウイルスで、ウイルス粒子内には8本の遺伝子（8分節）の遺伝子がある。エンベロープを有するウイルスは、アルコールによって不活化されやすい（アルコール消毒が有効）という性質を持ってい

る。また遺伝子が８本あるということは、ウイルスの変化が生じやすいということが言える。

　インフルエンザウイルスには、Ａ、Ｂ、Ｃ型があるが、人の間で流行的発生をするのはＡ型とＢ型である。Ａ型とＢ型のインフルエンザウイルスの表面にはヘマグルチニン（HA）とノイラミニダーゼ（NA）という突起（スパイク）があり、このスパイクが細胞へのウイルスの侵入あるいは感染防御に重要なかかわりをする。Ａ型では、HA が17種類、NA が10種類の異なった型（亜型）に分類され、HA、NA のさまざまな組み合わせで抗原性が異なるウイルスがトリやブタそしてヒト等多種の宿主に広く分布している。

　Ａ型インフルエンザは、数年から数十年ごとに世界的な大流行（パンデミック）が生じている。これは突然別の亜型のウイルスが出現して、従来の亜型ウイルスにとって代わることによって起こる。これを不連続抗原変異（antigenic shift）という。1918年スペインかぜ（H1N1）、1957年アジアかぜ（H2N2）、1968年香港型（H3N2）、1977年にソ連型（H1N1）が加わり、2009年にソ連型（ロシア型）（H1N1）はパンデミック型（H1N1）に置き換わり、現在はＡ型である H3N2（香港型）とH1N1（パンデミック型）、およびＢ型（ビクトリア系統と山形系統に分かれる）の３種のインフルエンザウイルスが世界中で流行している。

　一方、同一の亜型内でも、HA と NA の抗原性は少しずつ変化する。これを連続抗原変異（antigenic drift）という。インフルエンザウイルスは連続抗原変異が頻繁に起こるので、毎年のように異なったタイプのインフルエンザウイルスが出現し、流行をくり返している。

　COVID-19：中国湖北省武漢市で検知された原因不明の肺炎のアウトブレイクについて報告を受けた WHO（世界保健機関）は、国際保健規則（IHR）に基づいて2020年１月５日に世界にこの状況を公表した。さらに１月11日に原因ウイルスの全遺伝子配列の情報を受け、１月12日に公表している。これによって、まだこの疾患の発生がない国でも

PCR 検査が可能になり、1月15日神奈川県内で国内第1例目の感染者が確定診断された。このウイルスの発見と公表の速さはその後の診断、治療、ワクチン開発に大きな影響を及ぼしている。WHO は、2月11日に新型コロナウイルス感染症につき COVID-19（Corona Virus Disease 2019）と命名。ウイルスについては国際ウイルス分類委員会が SARS-CoV-2（Severe Acute Respiratory Syndrome Corona Virus-2）と命名した[1]。

　新型コロナウイルスは、直径約 100nm の球形で表面にスパイクのあるウイルスで、エンベロープを有し、粒子内部の遺伝子は1本である。コロナウイルスそのものはポピュラーなウイルスで、イヌ・ネコ、家畜、野生動物などに感染しさまざまな疾患を引き起こすが、種の壁を越えて他の動物に感染することはほとんどない。ヒトに感染するコロナウイルスはこれまでに6種類が知られており、うち4種類はごく普通のかぜの原因となっている。2003年に流行した重症急性呼吸器症候群（Severe Acute Respiratory Syndrome；SARS、致死率10％）の原因ウイルスはコロナウイルスで、人にとって重症呼吸器感染を引き起こすコロナウイルスとして初めて見つかり、SARS-Corona virus と命名された。SARS と SARS Corona virus は世界から消え去り、2004年以降見つかっていない。2012年に中東で見つかった中東呼吸器症候群（Middle East Respiratory Syndrome；MERS）の原因ウイルスもコロナウイルスであり、MERS Corona virus と命名された。MERS は現在でも中東を中心に存在し、致死率35〜40％と高い。

　COVID-19の原因ウイルスは、SARS-CoV と遺伝的に近似のため SARS-CoV-2とされた。SARS CoV、MERS CoV と同様、コウモリが起源であろうとされているが、中間宿主を含めてまだ明らかにされていない。

1）岡部信彦「特集・COVID-19　これまでの出来事の総括（chronology）」『日本内科学会雑誌』第109巻第11号（2020年11月10日発行）2264〜2269頁

2. 潜伏期・主な症状・感染期間

インフルエンザ：典型的なインフルエンザは、1～3日間ほどの潜伏期間の後に、高熱、頭痛、全身倦怠感、筋肉痛・関節痛などが突然現われ、咳、鼻汁などがこれに続き、約1週間の経過で回復する。「かぜ」に比べて全身症状が強く、「だるい、きつい」と感じるのが特徴であるが、軽いインフルエンザもあれば、重いかぜもあるので、見た目だけでは区別がつきにくいことはある。高齢者や、呼吸器、循環器、腎臓に慢性疾患を有する人、糖尿病や免疫機能が低下している人では、原疾患が悪化するとともに、インフルエンザ重症化の危険性が増加するリスクが高い。合併症として、急性肺炎（ことに高齢者では肺炎球菌性肺炎を併発）、急性筋炎、急性心筋炎、ギラン・バレー症候群、急性脳症、一過性の異常行動などがある。

感染期間は発症直前から他者へ感染させ得るが、発症後特に有熱期間に感染力が強く、その後約5日間ほど続く。

COVID-19：潜伏期間は1～14日であるが、ほとんどの患者が4～5日である。発症時の臨床症状は発熱や咳が中心で、他の呼吸器感染症と何ら変わらない。インフルエンザほどの急激な高熱ではなく、38度前後程度であることの方が多い。一旦解熱した後に再び上昇することもある。高熱が持続する場合は重篤な経過をたどることがあるため注意が必要である。また、息切れ、倦怠感を訴えることも多い。その他、咽頭痛、頭痛、筋肉痛、味覚・嗅覚障害、下痢などの症状がみられることもあるが、いずれもCOVID-19に特異的な症状ではなく、一般的なウイルス感染症と変わりはない。無症状感染者のいることもわかってきている。また、確定患者の約80％が軽症であり、症状がほとんどみられないこともある。

発症から5～7日目を境に病状が進行する場合と改善する側に分かれることが多い。肺炎を併発しても自然に回復する場合もあるが、10％程

度は呼吸不全が進行し、3〜4％に急性呼吸窮迫症候群（ARDS）が生じて、酸素投与や侵襲的人工呼吸管理、ICU管理が必要となる。中には病状が進行しても自覚症状に乏しいケースもあり、1〜2日あるいは数時間で急速に悪化し気管内挿管が必要になることもあるので、変化が現れる発症7日前後は十分な観察が必要である（図1）。武漢市の報告では患者の74.4％に複数の基礎疾患があり、このうち高血圧が50.0％を占め、糖尿病が25.0％、虚血性心疾患が18.5％であった。このほか、慢性肺疾患や心血管系疾患、腎不全、免疫不全などの基礎疾患を持つ患者も、国内外を問わず重症化率、致死率ともに高い。COVID-19における血管内皮の損傷や血管炎、微小血栓は、肺だけではなく他の臓器にも及ぶと考えられ、心筋炎や心筋梗塞、不整脈などの合併症も指摘されている。

図1. 典型的な新型コロナウイルス感染症の経過

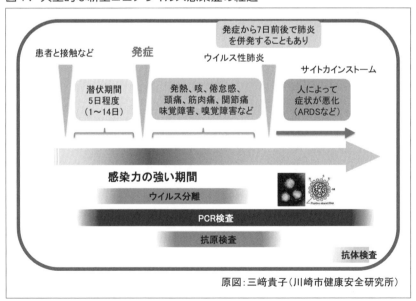

原図：三﨑貴子（川崎市健康安全研究所）

3. 流行状況

インフルエンザ：毎年世界各地で季節性インフルエンザの流行がみられる。温帯地域より緯度の高い国々での流行は冬季にみられ、北半球では1月から2月頃、南半球では7月から8月頃が流行のピークとなる。わが国においてのインフルエンザは、毎年11月下旬から12月上旬頃に流行が始まり、翌年の1月から3月頃に患者数が増加し、4月、5月にかけて減少していくパターンを示すが、夏季に患者が発生し、ウイルスが分離される場合もある。

インフルエンザの患者年齢分布は、幼児学童に多く年齢とともに減少する傾向にあり、高齢者になると再び増加するがその発生数は小児ほどではない。入院など重症例は、小児は発生数が多いために入院数も多いが、発生数と同様年齢とともに入院数は著しく減少し、高齢者になると入院数は急増し、小児入院例をはるかに上回る。つまり高齢者が感染しやすいわけではないが感染すると重症化しやすい、といえる。

2019/2020年シーズンのインフルエンザについては[2]、累積推計受診患者数は約729.0万人で、年齢群別では5〜9歳約182万人、30歳台約151万人、10〜14歳約138万人、0〜4歳約137万人、40歳台約131万人、20歳台約116万人の順であり、70歳以上は約79万人と報告されている。全国約500か所の基幹定点からの報告による入院サーベイランスでは、15歳未満の入院が5,410人、60歳以上が13,732人で、特に60歳以上の入院患者数が多く報告された（図2、図3）。

なお、2021年1月15日現在、日本を含む北半球におけるインフルエンザの発生状況は、いずれの国地域においてもひっそりとしている。

COVID-19（図4）[3]：中国湖北省武漢市に端を発したと考えられて

2）国立感染症研究所「今冬のインフルエンザについて2019/20シーズン」
　https://www.niid.go.jp/niid/images/idsc/disease/influ/fludoco1920.pdf
3）岡部信彦「疫学―新型コロナウイルス感染症（COVID-19）の流行状況」『日本臨牀』79巻2月号（2021年）

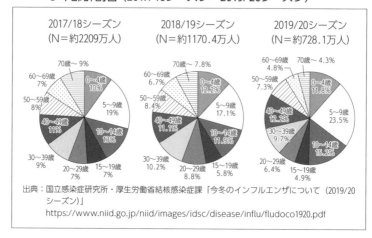

図2．各シーズン第13週までのインフルエンザ累積推計受診者数および年齢群割合（2017/18シーズン〜2019/20シーズン）

出典：国立感染症研究所・厚生労働省結核感染症課「今冬のインフルエンザについて（2019/20シーズン）」
https://www.niid.go.jp/niid/images/idsc/disease/influ/fludoco1920.pdf

図3．各シーズン（第36週〜第17週）の年齢群別報告数：インフルエンザ入院サーベイランス

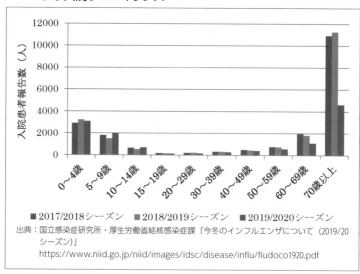

出典：国立感染症研究所・厚生労働省結核感染症課「今冬のインフルエンザについて（2019/20シーズン）」
https://www.niid.go.jp/niid/images/idsc/disease/influ/fludoco1920.pdf

いるCOVID-19は、2月はいわばくすぶり状態であったのが、3月に入り微増傾向となってきた。3月13日、新型インフルエンザ等対策特別措置法が改正され、新型コロナウイルス対策は同法に基づいて行われる

図4. 国内新型コロナウイルス感染症流行曲線

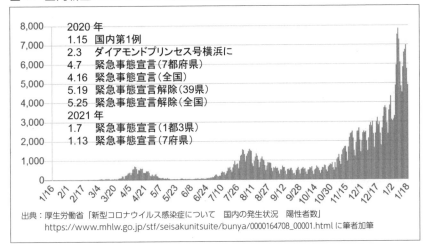

出典：厚生労働省「新型コロナウイルス感染症について　国内の発生状況　陽性者数」
https://www.mhlw.go.jp/stf/seisakunitsuite/bunya/0000164708_00001.html に筆者加筆

ことになることが成立し、3月14日施行実施となった。首都圏、関西都市圏での感染者増加傾向が3月20日の連休前には一時的な低下もみられたが、連休後に再び感染者数は増加傾向に転じたため、医療機関の逼迫（医療におけるオーバーシュート）の回避等を目的として、4月7日、政府は7都府県を対象に5月6日までの緊急事態宣言を発令し、4月16日には、その対象を全都道府県に拡大した。

　5月の連休後には新規感染者数は減少し、入院病床、宿泊療養施設等にも余裕が出てきたため、5月14日に39県での緊急事態宣言の解除、5月25日に全面的解除が行われた。

　一旦落ち着いた状況から、7月下旬、いわゆる夜の街における接待を伴う飲食店でのクラスター発生が明らかとなり、またおそらくはそこを起点として全国都市圏への拡大傾向が7月から8月にかけて顕著となった。新規感染者数は3〜5月の状況を大きく上回るものであるが、20〜40歳台の若年者層を中心としているところから重症者は少なく、致死率も低下していること、早期発見・早期治療につながっていること、多くの人の理解と協力から大きなクラスターとはなっていないこと等から、

4 〜 5 月のような緊急事態宣言は行わないとされた。感染の拡大は 7 月末 〜 8 月初頭をピークとして、その後、微減から 9 月下旬まで減少傾向となっているが、増減をくり返しながら全体として「下げ止まり」という状況で推移した。

欧米諸国では再び感染者数が急増し、日常生活の制限、ロックダウン（都市封鎖）などの対策が取られる中、国内では主に大都市を中心にして感染者発生状況は増減をくり返していた。しかし、対人口比で見れば欧米諸国より著しく低い感染者数、死亡数であるものの、国内でも 10 月下旬から再び増加傾向に転じ、11 月に入るとその傾向はさらに強まった。11 月中旬からその発生状況は 8 月のピークを超え始め、内閣官房新型コロナウイルス感染症対策分科会は、見えにくいクラスターの増加、無症状者および軽症者の増加による感染拡大、入院患者の急速な増加などから、11 月 20 日、25 日、12 月 11 日とさらなる強化の必要性を政府に対して提言をしている。（注：本稿提出後、さらなる感染者数および重症者数の急増から 2021 年 1 月 8 日 1 都 3 県に、1 月 13 日に 7 府県を追加して緊急事態宣言を発令した。）

これまでの国内の感染者の年齢分布は、20 歳台をピークに、30 歳台、40 歳台と次第に減少していくが、一方重症化の割合は、10 歳未満および 20 歳台は 0 、10 歳台は 0.1%、30 歳台 0.2%、40 歳台 0.8% と年齢とともに増加、70 歳台で 7.4% と急上昇する。死亡は 10 歳未満 〜 30 歳台は 0 、40 歳台 0.1%、50 歳台 0.4%、60 歳台 1.9% で、70 歳台 6.2% と急上昇する。性別はやや男性の方が多くなるが、大きい差はない。幼小児の発症、重症者はきわめて少ないことが内外から報告されている（図 5 ）。

図5．新型コロナウイルス感染症の国内発生動向（速報値）（陽性者数・死亡者数）令和3年1月13日18時点

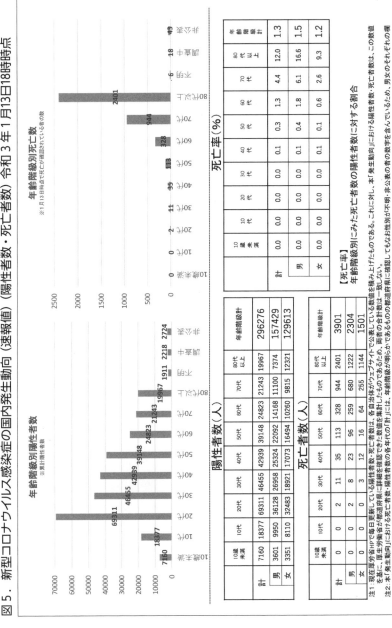

陽性者数（人）

	10歳未満	10代	20代	30代	40代	50代	60代	70代	80代以上	年齢階級計
計	7160	18377	69311	46455	42939	39148	24823	21243	19967	296276
男	3601	9950	36128	26958	25324	22092	14168	11100	7374	157429
女	3351	8110	32483	18921	17073	16494	10260	9815	12321	129613

死亡者数（人）

	10歳未満	10代	20代	30代	40代	50代	60代	70代	80代以上	年齢階級計
計	0	0	2	11	35	113	328	944	2401	3901
男	0	0	2	8	23	96	259	680	1222	2304
女	0	0	0	3	12	16	64	255	1144	1501

死亡率（％）
年齢階級別にみた死亡者数の陽性者数に対する割合

	10歳未満	10代	20代	30代	40代	50代	60代	70代	80代以上	年齢階級計
計	0.0	0.0	0.0	0.0	0.1	0.3	1.3	4.4	12.0	1.3
男	0.0	0.0	0.0	0.0	0.1	0.4	1.8	6.1	16.6	1.5
女	0.0	0.0	0.0	0.0	0.1	0.1	0.6	2.6	9.3	1.2

【死亡率】
年齢階級別にみた死亡者数の陽性者数に対する割合

注1：現在厚生労働省HPで毎日更新する陽性者数・死亡者数は、各自治体がウェブサイトで公表している数値を積み上げたものである。これに対し、本「発生動向」における陽性者数・死亡者数は、この数値を基に、厚生労働省が都道府県に詳細を確認できた数値を集計したものであるため、両者の合計数は一致しない。

注2：本「発生動向」における死亡者数・陽性者数の各年代の計は、年齢階級が明らかであるものの計であり、年齢階級が不明・非公表の者の数字を含んでいるため、男女それぞれの数字の合計とは一致しない。

注3：本「発生動向」における死亡者数・陽性者数は、性別が明らかであるものの都道府県に確認できたお年齢階級が不明・非公表の者の数字を含んでいるため、非公表の者の数字を含んでいるため、各年齢階級のそれぞれの欄の数字の合計とは一致しない。

出典：厚生労働省「新型コロナウイルス感染症の国内発生動向：2021年1月13日18時点」 https://www.mhlw.go.jp/content/10906000/000719997.pdf

2．新型コロナウイルス感染症（COVID-19）と（季節性）インフルエンザ　37

4. 感染経路

インフルエンザ：飛沫感染が主体で、接触感染（感染源→手→口・鼻・目）もあり得るとされている。

COVID-19：インフルエンザと同様、飛沫感染が主体で、接触感染（感染源→手→口・鼻・目）もあり得るとされているので、マスク・手指衛生が予防対策上重要であることもインフルエンザと同様である。COVID-19では加えて「エアロゾル感染（マイクロエアロゾル感染)」も重要と認識されてきた。マイクロエアロゾル感染という新たな語に対して違和感を持たれることも多いが、いわゆる空気感染と飛沫感染の中間的な概念のように思われる。つまり飛沫感染を超えて数メートル程度の距離でも飛沫よりも小さい粒子として散布される可能性について加えられたものであるが、これは空間の広さや大きさではなく、換気の程度が重要とされており、「三密を避ける」ということは「エアロゾル感染（マイクロエアロゾル感染)」に対しても妥当な方法であると言える。

5. ウイルス検査法

インフルエンザ：ウイルス検査のゴールドスタンダードはウイルス分離であるが、一般的ではない。検体からウイルス遺伝子を検出するPCR法、LAMP法などが精度の高い検査として用いられるようになっているが、遺伝子検査は感染力のあるウイルスそのものを検知しているのではなく、あくまでウイルス内部の遺伝子の断片を見ている検査法であることを念頭に置く必要がある。臨床現場においては数多くのインフルエンザ迅速診断法がわが国では広く普及しており、インフルエンザが疑われる患者の90％以上は迅速診断が行われ、検査陽性者の90％以上は何らかの抗インフルエンザウイルス薬が使用されている。

COVID-19：インフルエンザと同様、ウイルス分離が重要であることは言うまでもないが、手間暇がかかり、結果が出るまでに時間がかかる

こと、さらにウイルス（SARS-CoV-2）の取扱いには高度なバイオセーフティーレベルである P3 ないしそれに近いレベルのバイオセーフティーが求められ、通常のウイルス検査室では実施困難であることなどから、インフルエンザよりさらに一般的ではない。COVID-19については もともとがウイルスの検知に精度が優れさらに迅速である PCR 法で始まり、これが世界的に普及した。また国内では PCR 法の他に、LAMP 法、Smart-Amp 法などの、検体からウイルス遺伝子を検出する方法が国内で実用化されてきている。しかし、インフルエンザですでに述べたように、遺伝子検査は感染力のあるウイルスそのものを検知しているのではなく、あくまでウイルス内部の遺伝子の断片を見ている検査法であることを十分に念頭に置く必要がある。一般のみならず医療関係者においても、PCR 検査陽性＝ウイルスあり＝感染力あり、ととらえられることが多く、実施およびその判定には十分な注意が必要である。また PCR 陽性、陰性という定性的な方法ではなく、ウイルス量も明記され感染力の目安にもなる定量的 PCR 法の普及が望まれるところである。抗原検査については、酵素免疫測定法を原理としたイムノクロマトグラフィー法による迅速診断キットが実用化され、排出ウイルス量が多い患者については検出可能である。

　検査については、検査を行うだけではなく、その解釈がきちんとできるようにしておくことが重要である。

まとめ

　インフルエンザ（季節性）と COVID-19 および SARS-CoV-2 について、病原体・臨床的事項・流行状況、検査法などについて、対比しながら述べた。呼吸器系ウイルス性疾患としてはインフルエンザと COVID-19は共通点も多いが、異なるところも多々あることがわかってきている。インフルエンザ並みに扱った方が良いのではないか、という意見も多く聞かれる。確かにそのメリットも多く、COVID-19（無症状

者も含む）の報告数はインフルエンザの1/10〜1/100である。一方、致死率はその母数のとらえ方によっても異なるが国内で1.5%程度とインフルエンザより10倍程度は高いことになり、"インフルエンザ並み"としてみるわけには現段階ではいかない。インフルエンザと異なり小児での発症が少なく重症化率も低いことは救いでもあるが、この点も慎重に見ていく必要はある。軽症者の負担を少なくかつ感染拡大を防ぐようにし、重症者を適切な治療に向け、救えるべき命を救えるようにしていくことが、医療側からできる with コロナであると思う。新たに発生し間もなく1歳を迎える新型コロナウイルス感染症であるが、その対応方法が1日も早く進展することを心から願っており、またそのようにする努力を続けたい。

高齢者ケアにあたる方々へ

　新型コロナウイルス感染症は、現在のところ大人の病気であり、重症者・死亡者は高齢者に圧倒的に多い。それだけに高齢者ケアにあたる方々は、自分が罹らないように、自分が感染源とならないように、院内あるいは施設内等で感染が広がらないよう、大変な努力と細心の注意を払われていることに、まず敬意を表したい。

　インフルエンザ並みにではない、というものの、感染症対策としては、インフルエンザ対策、ノロウイルス対策などとの共通点は多く、感染症対策の基本的なことをぜひ見直していただきたいところである。一方過剰な消毒、防護など、過剰な負荷となることはできるだけ外した方がよいが、なかなかその判断に困ることも多いかと思われる。感染症専門医あるいは感染症専門看護師などがおられるところはむしろ稀であるが、地域として近隣の感染管理専門チームのある医療機関などと連携して、感染管理チーム（ICT: Infection Control Team）や感染管理看護師（ICN: Infection Control Nurse）の支援・助言を積極的に受けて頂ければと思う。またこれは個々の医療機関・施設でのやりとりではなく、地

域における高齢者ケアのシステムの一環として地域ぐるみで取り組んでいただけるようになることを願っている。

　新型コロナウイルスが発生して1年、未知のことや新たな課題も生じているが、ほんの数か月前を振り返ってみると、わかってきたことや対策のヒントとなることはたくさん出てきている。この先数か月はさらに良い方法が見つかり、そしてこの病気、ウイルスと上手に付き合っていく方法が浮かび上がってくると思う。これがまさにwith　コロナではないだろうか。

　感染症は残念ながら感染者や感染者の身近な人への過剰な警戒感が生じ、偏見や誤解、それに続く誹謗中傷などが起きてしまうこともある。感染症のコントロールに薬・ワクチン・感染予防対策は重要であるが、ウイルスが嫌うのは「人の優しさ・思いやり」でもある。これも、withコロナに重要な役割を果たすものと信じている。

3

コロナウイルスの高齢者ケアへの影響—スウェーデンからの手紙—

エルスマリー・アンベッケン（メーラルダーレン大学准教授・社会福祉学）

オーウェ・アンベッケン（リンショピン大学名誉教授・保健管理学）

1. コロナとともにある日々

　2020年新型コロナウイルス感染症は、スウェーデンに劇的な影響を及ぼし、社会全体に悪影響を及ぼしている。

　筆者が住んでいる地域[1]（エステルイェータランド）では、約47万人の住民がおり、2020年には、約1万3,000人が新型コロナウイルス感染症として感染登録された。

　そのうち358人が死亡し、その90％は70歳以上[2]であった。さらに57％は特別な住宅（訳者注：高齢者専用）に生活し、24％は在宅サービスを受けていた。この手紙を書いている最中（2020年12月）にも、122人の患者がエステルイェータランドの病院において新型コロナウイルス感染症の治療を受けている。このうち17人は、集中治療室にいる。2020年には、同地域の約1,300人が新型コロナウイルス感染症の治療を終え退院した[3]。

　政府の首相とスウェーデン国王は、クリスマスシーズン伝統のスピーチを行った。そのスピーチは愛する人を失った国民を慰め、国全体として新型コロナウイルスの取扱いについて、新型コロナウイルス感染症のさらなる拡大を避けるために責任を伴う方法を実施する見解を伝えた。この演説は、新型コロナウイルス感染拡大以前と同様の基本的なメッ

---

1) 日本の県に相当する広域行政単位。
2) スウェーデンでの8,279人の死亡のうち、7,483人は、70歳以上（スウェーデン公衆衛生局2020年12月23日）。
3) スウェーデン公衆衛生局の統計（2020年12月末）。

セージであったが、これまで以上に威厳があり、鋭いものであった。具体的内容として、「命を救うために2メートルの距離を保ち、人々の生活の雰囲気を維持するために2分間電話をかける」ことを国王は訴えた。「もうすこし待っていてください。そのうち明るい日がやってくるでしょう」。また、会えないことに苦しむすべての人々、特に高齢の家族に共感を示す配慮もあった。国王と政府の間の不一致はないというこれまでのメディアの論調にも関わらず、国王が私たち国民に政策は失敗したと表明したことは注目に値したが、首相はすぐに国王に同意した。

2. 新型コロナウイルス感染症を意識する中での高齢者ケア

　政府は、間もなく「最優先は、『私たちの高齢者』である」と宣言し、70歳以上の人々は距離を保つことに特別な注意を払う必要がありリスクのある人とみなされた。それでも、高齢者介護施設や在宅介護サービスはすぐに用意されなかった。新型コロナウイルス感染症が迫る中、高齢者介護がストレスの多い状況であるという認識は、政府、議会、社会一般のいずれにも明確に知られていない。ソーシャルワーク分野の研究者は、「リーン生産方式」を伴う長年のニューパブリックマネジメントが、ケアを細分化し、ケアの質を損なってきたと指摘している[4]。

　筆者が地元のラジオ放送でコメントした別の考察としては、「難民や移民を支援する等のボランティア活動の大部分を担っているだけではなく、孫の世話をしてくれる市民社会の資源である健康な70歳以上の高齢者」についても政府のメッセージは曖昧さが残るものだった[5]。支援の受け手と提供者の両方としての高齢者のもう一つの分野は、全国的な年

---

4 ）Marta Szebehely: The impact of COVID-19 on long-term care in Sweden, Itccovid.org website, London School of Economics and Political Science. 22 July 2020
https://ltccovid.org/wp-content/uploads/2020/07/The-COVID-19-Long-Term-Care-situation-in-Sweden-22-July-2020-1.pdf
「リーン生産方式」とは、自動化とジャストイン・タイムという2本の柱からなるプロセスで、「必要なモノを、必要な時に、必要な分だけ」という考えに基づいた取組みである。

5 ）E. Anbacken, Radio Vastmanland, 2020-06-22

金受給団体である。同時に、孤独とそれをどのように軽減するかは、最初から異なる視点を持つ話題であった。

　家族や友人とオンラインで会うことは、テレビやソーシャルメディアの広告によって奨励されてきた。スウェーデンでは、他の多くの国と同様に、家族や友人と会うための大切な伝統を持つ特別な季節があって、イースターとクリスマスはそのような祝賀イベントで、夏の7月は、北欧諸国では特別で大切な休日である。長い休暇があり、人々は屋外で社交をするための多くの時間を過ごしている。サマーハウスを持っている人は、そこで多くの時間を過ごし、高齢退職者は秋の間もそこで過ごし続け、生活の質を維持しながら距離を保つことができた。夏の間は、新型コロナウイルス感染症の症例数は減少した。しかし、それでもケア部門では、すべてのスタッフに休暇を与えることは困難であった。管理者が勤務スケジュールを解決することは困難であった。

　スウェーデンでは夏休みはとても大切である。同時に高齢者介護を中心としたボランティア活動も盛んに行われた。合唱団、アーティスト、小さなオーケストラが、介護施設の外で歌ったり、遊んだりしていた。メディアは高齢者向けの電話サポート「エルダーライン」について、これまで以上に多くの電話を受けたと報じており、それを追跡するための継続調査が行われている。収束したと思っていた新型コロナウイルスが、10月にパンデミック第2波として到来した。

3. 岐路に立つ高齢者ケア

　IVO[6]（医療福祉監視機関）は、最大の失策は高齢者介護のスタッフがすぐに確保されなかったことであるという批判的な報告を発表した。報告書は、介護スタッフの不足は以前から知られていると述べた。介護スタッフの病気休暇の増加、多くの労働者は時間単位で賃金を支払われて

6）Health and Social Care Inspectorate（IVO）, Report 2020-11-24

いた。IVO は高齢者向けの特別住宅に住む人々のニーズに適応した医療を確保するための完全に実施責任を負っている地域はないと判断している。

報告書は、特別住宅に住む高齢者が、新型コロナウイルス感染症と疑われる、または新型コロナウイルス感染症に罹った場合に個々のニーズに基づいてケアと医療を受けたかどうかを調べている。介護施設では緩和ケアを受ける代わりに一部が治療ではなかったか、という疑念がある。IVO が実施した医療記録のレビューに基づくと、ナーシングホーム（訳者注：医療提供や看取りを行う長期療養の高齢者施設）の人々の約5分の1は個別の医療評価を受けていない。IVO の決定により、当該地域については改善措置を講じ2021年1月15日までに IVO に、ケアの質を改善するために行ったことと行う予定を報告することが義務付けられた。レビューの結論として、地域自治体が既存の法律の中でシステムレベルでどのように全体的な責任を負ったかについて論じられている。

地方自治体（Kommun）は、スウェーデンの高齢者介護の実施組織として責任がある。このため、異なる自治体間でケアにばらつきが生じる可能性がある。高齢者介護スタッフのほとんどが加入しているコムナル（市町村労働者組合）からの報告[7]は、パンデミックのため高齢者介護に対処しなければならなかった状況を分析している。高齢者介護の組織的条件と、ナーシングホームにおける感染との闘いに関連性はあったのか。この危機から何を学ぶべきか。

ストックホルム大学のソーシャルワークの教授であるマルタ・シェブヘリ氏は、スウェーデンと、他の北欧諸国との違いについてコメントした。後者は、新型コロナウイルス感染症が発生したとき、高齢者ケアに

---

7) Huupponen, Maria, 2020, Pandemi på äldreboendet - En rapport om en svenska äldreomsorgen innan och under coronapandemin. (Eng. Pandemic at the care home - a report on the Swedish elder care before and during the corona pandemic) Kommunal, ART NR: 978-91-7479-860-9

ついてより早く対応した[8]。シェブヘリ教授が特に強調している要因の一つは、ノルウェーとデンマークではより多くの正規スタッフがいるため、スタッフにとってより良い環境であり、さらに高齢者ケアの看護師と医師が増えている。シェブヘリ教授はまた、高齢者介護スタッフの労働条件を調査したところ、報告書[9]では、作業（2005年から2015年の間）がより厳しくなったことを示している。この報告書は、スタッフの約27％が職業をやめたいと望んでいることを示している。

　パンデミックの間、ケア組織におけるリーダーシップについて、多くの方法が試されてきた。課題は、高齢者とスタッフの保護をどのように組織化するかであった。2020年春先、整備不足が問題であった。スタッフの給与が比較的低く、ステータスの低い仕事とみなされているため、人材確保は、重要な問題となってきた。特に、スウェーデンに入国して間もないスタッフに新しい方法を指示することもそうである。

　高齢者を他の国で生まれたスタッフが介護していることが多い中、言語の問題を解決することは非常に重要である。多くの新しいスウェーデン人（シリア、バルカン、ソマリア、アフガニスタンからの移民・難民を受入れ）がケアの相当の部分を占めている。ホームヘルプサービスの利用者が、スタッフのスケジュール交代により、週に数人のホームヘルパーに会うことは危険なことである。そしてこれはコロナ禍ではさらに危険なことである。したがって、課題は、ケアの質の高さと、スタッフの能力及び高齢者のケアへの取り組みを調整することである。

　このウイルスは、2020年2月に介護施設のHに意外な結果をもたらした。30人の利用者と45人のスタッフがいるユニットには、特別な保護具も、新型コロナウイルスに対応するための教育もなかった。私たちのイ

8）Marta Szebehely: International experiences of covid-19 in the eldercare.（Sw. Internationella erfarenheter av covid-19 i äldreboenden）SOU 2020:80.
9）Szebehely, Stranz & Strandell: Who will work in the future eldercare?（Sw: Vem vill arbeta I framtidens äldreomsorg?）Dept. of Social Work, Stockholm University. 2017:1
（Sw: Internationella erfarenheter av covid-19 i aldreomsorg）SOU 2020;80

ンタビューで、ユニットの責任者Aさんは、衣服と保護の日常の仕事について間違った指示を受けていたと語った。彼らは、保護と衛生に関する日常の独自の仕事を開発しなければならなかった。最初は検診もウイルス追跡の準備もなかった。医療責任者と一緒に、看護師は、ユニットで新しい方法を開発した。彼らは隔離、家族の訪問、指示、衣服などについて決定をくだした。2018年と2019年には、ユニットはインフルエンザの期間に、衛生的、効果的に機能したことから学んだ。各フロアの助手看護師のチームリーダーによるユニットのリーダーシップが、彼らの古い利用者とスタッフを保護するために集中的に行動した。医師は、初期の診療として任命されており、この点について、施設Hでは特段の批評はされていない。現在、こうした仕事（新たな様式）とワクチンの開始により、第2波中の施設Hでの生活や仕事は安定させられている。現在、将来への信念と別のパンデミックに対処する自信がある。社会文化的活動が再開される。これは、健康とケアの質を高めるための重要な要素である。

　2020年12月27日スウェーデンのメディアで大きなニュースが取り上げられた。エステルイェータランド県ミヨルビの介護施設に住む91歳の女性は、スウェーデンで最初のワクチンを接種した。ローベン首相は、彼女に電話し、どうであったかを尋ねた。「私は刺さる感じはしなかった」と彼女は話した。これにより、ワクチン接種はスウェーデンで開始され、介護施設の利用者、スタッフから始まっている。スウェーデンの全ての人々に2021年の夏までにワクチン接種ができると予想されていると、今日のニュースは希望を語っていた（2021年1月）。

★日本語訳：村川真一（浦和大学総合福祉学部講師）

スウェーデン地図。エステルイェータランドの県庁所在地はリンショピン。

エピセンター化[1]を阻止し、コロナウイルスの幹を撃て！

※編集部注：下記資料１、２より児玉龍彦氏（東京大学先端科学技術研究センターがん・代謝プロジェクトリーダー、医師、医学博士）の発言を抜粋・要約し、編集部の責任において編集を行い掲載する。資料１は項目１〜７、資料２は項目Ⅰ〜Ⅳの内容として掲載している。

■資料１．参議院予算委員会第201回国会閉会後会議録（2020年７月16日）
■資料２．「新型コロナと闘うその先の世界へ　緊急提言　オーバーシュートに立ち向かう！必要なのは科学的で精密な対策とリーダー（2021年１月７日版）」児玉龍彦（東大先端研がん代謝PT）×金子勝（立教大特任教授）対談（デモクラシータイムスYouTubeページ）

1.「エピセンター」とは何か

　私は、今日、きわめて深刻な事態を迎えつつある東京のエピセンター化という問題に関して、国会議員の皆様に全力を挙げての対応をお願いしたくて参りました。

　このウイルスは中国で発生したのですが、コロナウイルスというのは風邪コロナなど、さまざまなウイルスがあります。

　私ども、抗体プロジェクトから、この交差免疫という、似たウイルスに対する免疫があって東アジア諸国では一定の数に抑えられる傾向が強いということを予測しました。ところが、第１の波、中国、武漢の旅行者から来たものはすっと割と自然に消えました。第２の波、2020年３月

1）エピセンター化とは、Epidemic center の略語で、疫学的にみて、ウイルス感染症の震源（集積）地というべきエリアを指している。

下旬をピークとして起こっていたものも追跡してみますと、実は緊急事態宣言を発する前から自動的に減り出しています。

それで、これはいったいどういうことなのだろうかと思って非常に興味を持って見てきましたが、東アジアの国が力を入れて対応しているエピセンターというのに気づきました。クラスターとエピセンターはまったく違います。エピセンターは、そこに一定数の無症状の方が集まり、さらに、私ども7月7日に緊急の記者発表を行いましたが、PCR陽性の方の中でも無症状の方がいわゆるスプレッダーになる可能性のあることに気づきました。

そして、第1の波、第2の波のときにこれをきちんと制圧して無症状の感染者もなくしていくということを行うべきだったのに、それが行われないままに、実際に東京の中に今エピセンターが形成されつつあると思っています。

もう1つは、遺伝子のゲノム疫学で見ると、第1の波は武漢型です。第2の波はイタリア・アメリカ型へ変わっていっている。ところが、現在、私どもも地方自治体に支援を頼まれてゲノム配列の報告を見ますと東京型・埼玉型になってきています。つまり、日本の中にエピセンターが形成されている。これを国の総力を挙げて止めないと、ミラノ、ニューヨークの二の舞になるということを懸念しております。

2. PCR検査の拡充へ

図1は、クラスターとエピセンターの違いという概念を示しております。それで、クラスターというのは、外来の感染者が来て、それが最適な条件ではないところで増えていくところに起こるものです。それに対して、エピセンターというのは、そこで自律的に感染が増えていくということが起こります。

それで、エピセンターになるとどういうことが起こるかというと、一般には感染の経路ということが言われます。飛沫感染、これは20マイク

図1

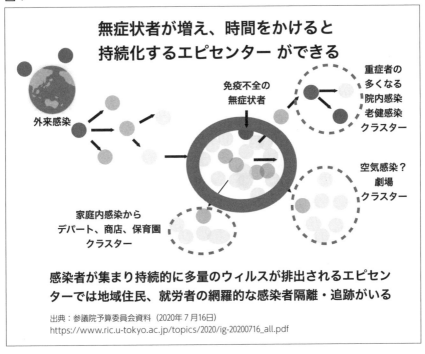

無症状者が増え、時間をかけると
持続化するエピセンター ができる

外来感染

免疫不全の
無症状者

重症者の
多くなる
院内感染
老健感染
クラスター

空気感染？
劇場
クラスター

家庭内感染から
デパート、商店、保育園
クラスター

感染者が集まり持続的に多量のウィルスが排出されるエピセンターでは地域住民、就労者の網羅的な感染者隔離・追跡がいる

出典：参議院予算委員会資料（2020年7月16日）
https://www.ric.u-tokyo.ac.jp/topics/2020/ig-20200716_all.pdf

ロメートルぐらいのものが散って食事や何かへ落ちるので、2メートルのソーシャルディスタンスが必要と言われます。それから、接触感染、これはたとえば消化器に感染して嘔吐物などがあると非常に高いコピー数が出る。それから、お手洗いの靴の裏などから一番感染が広まると言われている。ただ、実際にはもう1つ心配なものがありまして、5マイクロメートル以下ぐらいの粒子でも感染してしまう空気感染です。たとえば、痘瘡なんかが怖いのはこの空気感染があるためです。

　皆様の方ではこれをガイドライン等で一律に分けられるとお考えかもしれないですが、まったく違います。今の細かな感染疫学がわかってまいりました精密医療では、感染者の数と、そしてスプレッダーのような大量排出者がいるかいないかでこの確率が変わります。ですから、たとえば電車に乗っても大丈夫というのは、感染者が少なくて排出量が少な

いという前提でつくられています。

　そこで、何か事故が起こるとガイドラインに従っていないからいけないということを言われますが、それはガイドラインというのが実は感染の状態によってまったく変えないといけない。ですから、エピセンター化してしまったら劇場も電車も危険になってしまう。このエピセンターの制圧というのを国の総力を挙げてやらないといけない。

　たとえば、私ども、ICUで人工呼吸器を扱う際には飛沫します。飛沫するからICUでは普通のマスクでは駄目です。だけど、普通の劇場でそういうことを期待しないのは、感染者の数も少なくて、しかも交差免疫もありますから、一定の軽いものであればこれは大丈夫であろうという、そういう知識に基づいてやっております。

　図2を見ていただきたいのですが、エピセンターが1回起こると、制圧には大体20万人以上のPCR検査が必須です。1番目の例で、韓国がなぜPCRを整備したかというと、宗教団体が20万人、これが一大の感染の原因になるということでPCRが一挙に整備されました。続いて、シンガポール、外国人労働者の寮、これを制圧するのに30万人PCRと抗体検査を行っております。さらに、6月に起こった北京の食品市場、これは22万人PCRを行ってエピセンターを制圧しようとしています。

　このようにエピセンター対策が必要となっている、こういう状態に今なっているところで国会が迅速な対応をされることを期待しています。

3. 先進技術を用いた21世紀型の感染対策

　今一番大事なのは感染集積地とそうでないところを分けることです。

　1月18日に武漢に入った鍾南山先生は、1月19日に北京へ戻って武漢の閉鎖を進言したと言われますが、実際に彼が行ったのはまったく違います。感染集積地と非集積地を分けて、1,000床の病院を2つつくりました。そして、そこに5万4,000人の医療従事者を投入して、これの制圧に当たりました。

図2

エピセンター 制圧には２０万人以上のPCR

【2月26日 AFP】韓国当局は26日、新型コロナウイルスの感染が広がっている宗教団体の信者ら20万人以上に対するウイルス検査を開始した。

【日経 5月12日】シンガポール政府は12日、外国人出稼ぎ労働者の寮で、30万人超の居住者全員に抗体検査とPCR検査を組み合わせて6月1日の経済再開に向け職場復帰させる狙いだ。

【朝日 6月16日】北京市政府は、食品市場感染に、193カ所にPCR検査地点を設け、同市場を訪ねた約20万人全員を検査する方針だ。14日だけで計7万6499人検査を行い、59人に陽性反応だった。

> 集団検査はエピセンターでないと効率が悪い
> 武漢で6月に９００万人PCR検査して300人の無症状者を発見した。
> 1日４０万人のPCR検査をプーリング（10人まとめ）で行なっている。

出典：参議院予算委員会資料（2020年7月16日）
https://www.ric.u-tokyo.ac.jp/topics/2020/ig-20200716_all.pdf

　要するに、全国一律のステイホームがなぜ間違いかというと、20世紀のスペイン風邪の頃は全員一律でマスクをしましょう、距離を取りましょう、追跡をしましょうだったわけですが、21世紀は基本的に精密医療という遺伝子工学と計測科学、ロボットや情報科学を用いて、感染集積地をしっかり指定して、その集積地という"面"を制圧する。そして、その面の制圧を次々行う。コロナウイルスの一番の問題は、クラスターではなくてこのエピセンターを形成することです。感染力自体は弱いし、交差免疫もありますからすぐ消えて、無症状の人が発症、症状のある人も発症前に結構感染します。それで、致死率も一見低く見えます。ところが、時間を追ってその率が増えてくる。クルーズ船のときも、全員下船したときはまだ重症者、死者があまりなく、公共交通機関

で帰っています。それから14人〔会議録ママ〕が亡くなっております。

　今、新宿エピセンターを制圧するのには、地元の医師会などにこれをやらせては駄目です。これは地元の医師会はまずそこの診療に当たっていただかなくてはならない。

　それで、感染集積地制圧のための計画として東京大学先端科学技術研究センターの検討では、テカンという会社とやっておりますが、5,000人の検査は1日でできます。5,000人1日でできると、8検体プールですと4万人できます。2セットつくればもっとできます。プールにしていますから、8万人できるといっても5万人というふうになります。

　こういう作業をやるのには、エスアールエルだとかLSIメディエンスという民間の検査企業は、非常に大きな検体の運搬、輸送、情報伝達のロジスティックスを持っております。それから、計測科学においては専門の会社があります。計測を短くするキットや何かは、タカラバイオで非常にすばらしいものができています。

　ですから、国会にぜひお願いしたいのは、こうしたものを総力を挙げて投入して、一挙に、しかも責任者を明確にしてトップダウンで前向きの対策をただちに始める。そうしないと、今日の勢いでいったら来週は大変になります。今日の勢いでいったら来月は目を覆うようなことになります。その対策は、交差免疫もある東アジアの日本ならば必ずできます。

4.　全国一律の政策から地域ごとの精密型対応の必要性

　私は、今回のコロナ対策の進め方の法律論的にも制度的にもちょっと間違いが大きくて、観光業者の方が非常に苦しみ、飲食店の方が悩まれ、採用予定が取り消され、病院や介護施設が不安から離職者を迎えているということにもっと国を挙げて向き合う、やり方を変えないといけないと思っております。要するにわれわれからいうと、全国一律の大艦巨砲型の、100年前のスペイン風邪のときのやり方であります。

21世紀に入りまして、エピセンター制圧という格好で、東アジアで出てきている劇的に変わっているやり方がある。要するに、1つは膨大検査を前提にする。ですから、お医者さんとか従来の保健所ではなしに、遺伝子工学、それから計測工学、それから自動制御、それから情報科学、そういうものを駆使して、もっと精密にこの感染の広がっている区域や何かを抑える。中国の場合には、鍾南山先生の一番見識だと思ったのは、武漢をアイソレートするだけではなしに、そこに全国から、非感染区域の経済を一層守り立て、そこから持っていく。それで、非感染区域においても検査や何かを徹底してやる。

　総理大臣以下40名の方をPCR検査やればすぐわかるわけです。そして全力でボランティアを支援して災害復興をやればいい。ですから、この21世紀型の対応に進むものを全力を挙げてやらなくてはいけない。

　この21世紀型の対応をやるためには、私の提案の中に書いてありますが、国会の責任がきわめて大きいです。今なぜこういう精密型対応ができないかと申し上げますと、たとえば感染検査というのは、厚生労働省が特定した検査所でないと検査ができない。だから、何千検体の検査処理能力があろうと外の検査ができないです。だから、今われわれがやっているのはきわめていびつな格好でして、臨床研究という格好でやっておりますが、これは臨床研究でも何でもありません。

　2番目に、個人情報の扱い方がばらばらであって、コンタクトトレーシングなど健康個人情報を扱うのに責任者がいません。COCOAも厚生労働省がやるというけれども、元々オープンソースでつくられていたもので、それが厚生労働省の下でベンダーを置いてやるという格好になっておりまして、実際に答弁をつくっている方がわからない。

　たとえば、今非常に有効なCOCOAがみんなやれば感染した人はすぐわかるから、感染集積地からすぐわかります。COCOAには政府CIOの統括補佐官、民間からの楠正憲さんという方がいて、COCOAをつくって、みんなから来るいろんな質問に答えております。だったらば、

たとえばCOCOAを、コンタクトトレーシングに生かそうとしたら、そういう人を前面に立てて、国会をただちに開いて、企業も研究所も大学もみんな集めて21世紀型の対応を行うことです。

　従来の対策がなぜ失敗するかというと、病院の人は病院の中、厚生労働省は医療費の抑制をまず考える。医療費というのは、われわれよく知っていますが、治療に対して、受益者に対して払うという、医療経済の原則があります。

　それで、今起こっているのは社会全体の安心、安全の対策ですから、これはまさにこの委員会でやっている予備費や何かを使って、しかも恒久的に続くものではありません、今週投与すれば1ヵ月後の100倍価値があります。

5.　感染集積の度合いに応じたガイドラインの策定

　感染集積地とそうでないところではガイドラインがまったく違います。感染集積の度合いを詳しく調べるようなモニタリング、サンプリングを各地域できちんと行って、きめ細かくやる。要するに、精密医療というのは今もう世界中で一般的になってきています。ちょっと心配しているのは、従来の輸入型感染症から国内エピセンターに変わってきています。

　ガイドラインの問題で注意していただきたいのは、感染の発見された方も保護されるようなガイドラインにしておかないといけない。ある府県の医師会の方から言われているのですが、PCRで感染が指摘された看護学校の学生さんが退学に追い込まれた、ある進学校に内定していた方が自主取下げになった、こういうことが現実に起こっています。それで、一般的に検査をやる際に、感染した方を守るためにやるということを基に徹底して行い、その人たちに、法律の建て付けとして自主的な判断ができる可能性を残しておく。

　先ほどから申し上げていますが、このウイルスは一定の交差免疫も

あって、ある一定のクラスターとかエピセンターでの対応については、手術室の中、病院の中での対応と、こういう国会や何かでの対応はガイドラインが異なる。たとえば、あちらに座っているのは明らかに三密に当たります。それはある程度この中に感染者がいないであろうという認識の上に判断を変えている。ですから、この法律の建て付けを変えて、先ほど申し上げなかったのですが、ここに書いてある現行の法律をもっと変えて、全国一律の仕組みではなく、たとえば各自治体ごとや何かにきめ細かく変えていけるようにする。

それで、隔離も同じように問題があります。生活保障があれば自宅隔離が良い場合も必ずあります。それから、施設が良い場合もありますし、病院に入った方がいいもの、こういうものを感染の各地区の状態に応じて、本人の選択も含めてそれを支援する。だから、感染が拡大しなければ家でも良いし、感染が拡大する心配があれば、やっぱり本人の状態から見ても変えていけるし、どんどん変われるような仕組みにする。

また、たとえば学校でも、聴覚障害の子供さんはフェースシールドを使おうとしたら、医師会から、マスク着用でないと駄目だと言われた。だけれども、マスク着用でないと駄目という論拠がもし空気感染レベルのエピセンターだとしたら、これは休校にしないといけない。飛沫感染のレベルを止めるのであれば、フェースシールドでも良い。

非常に精密化した診断基準をやっていって、文部科学省にガイドラインを求めても難しいというのは、各医師会や何かでどんどん今ガイドラインというのも出てきていますから、文科省ではあくまでそういうものを基にした大まかな分け方でありまして、現在の段階で一番大事なのは、各地でその感染集積地の度合いを下げないと、今上がっていったら、どんなガイドラインを決めても来週には無効になってしまう。

たとえば劇場感染が起こると、その後で、ガイドラインに従っていないという非難が起こります。これは被害者をむち打つような格好になるだけで、そのガイドラインが今、新宿では違うレベルになっている。そ

うしたら、新宿のその地域としての感染頻度を下げない限り、ガイドラインを基に非難しても、被害者が被害者を非難するような悪循環になりかねない。

それで、よく理解いただきたいのは、感染集積地は、度合いによってまったく異なります。たとえば鹿児島のように、突然、最初は少なかったところでもわっと集団感染が増えます。そうするとこれは途端にガイドラインを変えないといけない。今、当初とは違って、各地の医師会や、医科大学、そういうところでかなりこの情報が集積していっていますから、そういうのに従って変えていけるように、むしろ法制度を変えていく必要があると思います。

文科省、厚労省ではガイドラインがつくれない、そう思います。

6. エピセンターから各地域への波及

今、尾身先生もおっしゃったとおりで、ゲノム解析で見ていると、やっぱり東京と埼玉からのものが拡がっているということはあります。

それともう1つ非常に心配なのは、多分医師会長の方がお詳しいと思うのですが、PCRの検査で陽性率がじりじりと上がってきています。ですから、深刻なのは新宿区なのですが、23区別のこの陽性率というのを見ていきますと、やっぱり新宿を中心にエピセンターから湧き出して、それが池袋、埼玉、神奈川、それからいろんな都道府県に飛んでいっているということがありまして、私どもが地方自治体へ行って検討をしますと、地方自治体との話の結論は、すぐ東京へ戻って東京の感染を食い止めてくれというのが会議の結論になっております。ですから、今増えている実際の数値を見ますと非常に危険です。

たとえば新宿では、図3にありますけれども、実際にやろうとすれば、もう来週からでも1日5万人のPCR検査で、大体10日間でこの区全体の感染状況を見ることができます。それで、そういうことをやってみて、住民がどの程度参加してくれるかとか事業者がどの程度応えてく

図3

出典：参議院予算委員会資料（2020年7月16日）
https://www.ric.u-tokyo.ac.jp/topics/2020/ig-20200716_all.pdf

れるかというのを見て、次のステップに移っていく。

　それで、そういうものをきちんと、法律を変えないと今できません。もしくは、法律が変わらないとしたら国会で運用か何かをきちんと決議してやっていただく。実際に今必要なのは、解釈して制限して国民にこうしなさいということで言われていますが、政治が意思を持って感染を抑えれば抑えられるという信念と、国民を守ろうという熱意があるかないかです。

7．国の基本方針・一律でなく地域の創造的対処を

　飲食業で429人受診して133人陽性という数値を今お伺いしましたが、これは非常に危険です。それからおそらく高齢者の方や生活困難な方と

かそういう方が多いと思うのですが、そこが受診者208人、陽性者49人、陽性率23.6％、これも非常に危険な数値です。

　抗体検査をやって、どの程度の感染率になったらクラスターになるかという調査で、たとえばコールセンターに感染者が出て、消毒して閉鎖するようになったところの抗体検査で３％程度です。500人のところで３％感染者が出るということは15人感染で、５人程度発熱が出ると大騒ぎになって、そこを消毒して閉鎖しますから、経済的に非常に大きな打撃になります。会社員が381人検査して14人陽性、学生が80人検査して３人、こういうのを見ますと、学校とか会社でもこの感染が知らない間に広がってしまう。これがエピセンターの怖さでして、ガイドラインをいくら守っても、この３割という、飲食店の人で３割という数値を見たら、とても外食に行けない。

　ですから、皆さんに自己責任という格好で、個々の人にガイドラインを守れという格好では無理で、全数検査、全数というと強制的にと間違えられるのですが、そうではなく、きちんとした検査のシステムをつくって、たとえば自衛隊の医官の方を100人投入するとか、地元の医師会や何かは日常業務をやっていただきながら、特定の場所でやる。

　たとえば、PCR検査というと皆さん難しいとお考えなのですが、１人１分です。１時間で補助の人がいてやっていけば私でも60人できます。４時間やれば、320人〔会議録ママ〕いますから、私と同じにやる人が100人いれば、３万2,000人〔会議録ママ〕できるという計算になります。それは、診療の合間にお医者さんが行うのは無理です。PCR検査をたくさん持っているところ、技術者がたくさんいるところで集約的に全てシステムにしてやる。それで、機械化することによって検査の危険性もぐんと減ります。それでコストは10分の１になる。それで、プーリングができますから、８検体まとめて１回でやると、１万検体のチェックで８万検体ができます。

　それで、先ほど厚労省や文科省でガイドラインがつくれませんと申し

上げたのは、厚労省の皆さんや文科省の皆さんは一生懸命頑張っていると思っています。法律を最適化して、法律が変わるまでの間は臨時の申合せ、通達なりでできるようにする、これを今日からすぐやらないと、この数値を見ましたら、これが2週間前だとしたら本当に大変です。

　今までの一律のやり方を変えて、当事者の実情に合わせて、自治体やその他からも裁量を持って、医療機関等の現実の状態に合わせて適切にできるようにきちんとこの法律を変えていく。それまでも、まずこの個別の状況をきちんと把握して、普通の医療機関ベースの対応に変える。それで、医療機関でやる際には、患者さんの状態をよく聞いて、あなたのところはお子さんがいるからとか、そういうのを聞く、それに対する支援を手厚くしていくという格好が1つあります。

　それから、隔離の一般病床は船の科学館みたいな格好にして、一般の病床を入れるよりも、そういうところに入れてチェックを頻繁に行えるようにします。中国は1,000床の病院を10日間でつくりました。

　日本でもそういうものはいくらでもできる。プレハブをつくる能力、それから、クリーンルームというエアコンの制御できるユニットというのはいっぱいあります。そういうのをアセンブルしてただちにやる。そういう隔離政策を、省庁別にやるのではなくワンストップで、日本の持てる最高のものを持って迅速にやることが急務だと思います。

Ⅰ. 枝葉に惑わされず幹を撃つ

　新型コロナウイルスの怖さは波を描いて感染拡大していくというところにあります。これまで新型コロナウイルスの種類として「武漢型」、「欧米型」、「東京・埼玉型」という波が来て今度は「英国型」という波がやってきています。波が高まると悲観論、落ち着くと楽観論が出ていますが、そういった波の枝葉を作っている幹の正体が次第にわかりつつあります。それに対する対応を本気で始めないといけないと思います。新型コロナウイルスは1年に24カ所程度変異が起こるだけではなく、一

人の身体の中でも4種類以上あります。増殖の速い新型コロナウイルスは変異しやすく自壊しやすい。そのため、波を描く理由になっているということがわかってきました。

　われわれはウイルスが出てくると系統樹というものを作ります。変異があると系統樹にいろんな枝葉が増えますが、枝葉の同じ集団の中で増殖が速いウイルスが入るとあっという間にそれに代わっていくという現象が見られます。ところが、波の前後をみると、変異型を生み出す元になる幹ウイルスが無症状者に増え続けると根絶しにくくなって次の波を起こしているということがわかってきました。

　今問題なのは、空港検疫です。現在、英国から来る若い人で無症状者が空港検疫で多く引っかかっています。しかしながら、ロンドンからホーチミン行きの飛行機で機内感染が起き、席の近い16人が感染した例のように、飛行機の中で感染すると着いてすぐに検査してもすり抜けてしまいます。ですので、帰国後14日間の隔離と複数回の検査を確実にやらなければいけません。また、空港検疫では外国人の技能実習生に対する緩和等で抜け穴が作られていますので、それらをすべて閉じないといけないと思います。

Ⅱ. PCR 検査の徹底

　現在、感染の原因として、外国からの変異は空港検疫をすり抜けて絶えず入ってきています。また、都心4区（新宿区、渋谷区、港区、中央区）の繁華街から湧き出すように感染しています。そして、家庭（特に保育園）に広がり他の家庭に入り、それが老人施設や病院に入ってしまう。保育士、看護師、教員等のエッセンシャルワーカーの検査が必要だということをこれまで申し上げてきましたが、これでは感染拡大が止まらなくなっているのが今の段階です。

　東京の2020年12月3日から2021年1月3日までの感染者増加数を人口1万人当たりで示したデータを見ると、日本中の感染をずっとけん引し

ているのは新宿区です。その周りの渋谷区、港区、中央区、目黒区等若い人の多い繁華街が感染源になっています。7月の国会で希望住民全員検査の準備をということを訴えましたが、未だ実現できていません。

　これまで世田谷区等で学校、劇場、商店街、教会等で実証試験をやってきました。希望者全員というとだいたい6、7割の人が来ます。希望者の検査を行うとスプレッダーを必ず発見できます。スプレッダーの周りには複数の人が感染しています。世田谷区の介護施設で無症状の人が10人感染しているという例がありました。そうすると自動的にその施設の全員は検査しましょうということになります。そして希望者全員をやっていくと皆が自分の問題と考えて陽性者全体を社会で支援しやすくなるのです。

　希望者全員のPCR検査を行いお互いに助け合っていくことが大事です。これは、無症状者が集まった幹ウイルスから増殖スピードの速い枝葉のウイルスが増えていくのを防ぐということです。増殖の速いウイルスはプルーフリーディング（校正機能）が弱いので変異が増えると自壊していくという現象が起こりますが、一方で、根っこにある幹ウイルスの無症状者が徐々に増えていくのが一番悪いのです。日本は東京の都心4区で幹ウイルスをずっと増やしている状態が続いています。これを断つには希望者全員の検査をするしかないのです。

Ⅲ．ワクチンの早期承認と医療従事者への接種の開始へ

　医療崩壊が迫っています。変異型が入ってくることで医療崩壊の可能性が早まります。新しいmRNAのワクチンは今のところ大きな副反応は見られていません。別の変異型を入れなければ有効性は高そうであるということが言われています。ただし、日本人での副反応の量がわかっていないので、日本における治験を医療従事者を中心に進め、優先順位を付けて輸送・保存方法を迅速に整えることが重要です。

Ⅳ. 高齢者には初期の段階でアビガン投与

　高齢者へのアビガン（抗インフルエンザウイルス剤）投与を外来でできるようにして欲しいと思います。アビガンは新型コロナウイルスの消失を早くするという治験が外国や日本でも出てきています。それは、医師の主観の入らない客観的検査で証明されてきています。ただし、アビガンの副作用が精子・卵子・胎児への奇形の心配があるので、重症化しやすい65歳以上の高齢者に対して優先的に投与開始することが大事です。また、診断と同時に即時にアビガン投与を開始するのが有効です。アビガンは初期のウイルス増加を抑制するもので、免疫暴走には効きません。無症状・軽症の診断をされたハイリスクの人への早期使用が有効になっています。

　今、新型コロナウイルスの科学が進んでいます。ワクチン、治療法、検査法の多くが初期とは変わってきています。いたずらにおそれて逃げて回るのではなく、これらをすべて駆使して、まず感染を撃つ、それも感染の幹を撃つ、絶えず変異を生み出している基の集団を見つけてたたいて新型コロナに打ち勝つことが、経済を立て直すのにも最優先であるということを申し上げたいと思います。

第2章

包括的で最適な
医療・ケアの提供に向けて

高齢者の QOL

1

秋下雅弘（東京大学大学院医学系研究科老年病学教授）

はじめに

　後期高齢者と要介護高齢者の増加に伴い、高齢者に対する医療・ケアの需要が高まるとともに、質的にも変貌を求められている。つまり、若年成人のようにそれぞれの疾患・病態をターゲットとした医療・ケアを行うのではなく、多病・多症候でしばしば要介護状態にある高齢者のQOL（Quality of Life、生活・人生・生命の質）を維持、改善させるという視点で、包括的で最適な医療・ケアを提供することが重視されるようになってきた。しかし、実際にそのような医療・ケアを行うことは容易ではない。その理由として、高齢者では病態の表われ方も治療に対する反応も多彩であること、治療対象となる疾患が多いのに対して薬物有害事象が起きやすいこと、高齢者対象の診療ガイドラインが整備されておらず、疾患ごとに作成された診療ガイドラインの適用により必ずしも良好な結果が得られないこと、医療提供の場も急性期病院から慢性期、介護施設、在宅医療まで多岐にわたること等が挙げられる。一方で、高

表1．医療・ケアの質の構成要素

設備・資源
プロセス・手技
アウトカム；QOL、ADL
コスト
情報の共有

齢者に対する医療およびケアの質に疑問が呈されるようになり、それを評価し、一定のレベルを担保することが求められるようになった。表1に医療・ケアの質の構成要素を示すが、特にアウトカム指標としてQOLやADL（Activities of Daily Living, 日常生活動作）が重要である。本稿では、まず高齢者医療の特徴を概説し、それに基づいてQOLの意義について述べる。

1. 超高齢社会と高齢者医療の動向

　わが国は、国民の3割近くが65歳以上、その半数超が75歳以上という世界が経験したことのない超高齢社会を迎えている。特に問題なのは、75歳以上のいわゆる後期高齢者の著しい増加である。前期高齢者の要介護認定率が4％にとどまるのに対して、後期高齢者の要介護認定率は30％を超える。医療経済上も大きな課題であり、その対策は社会全体にとって喫緊の課題である。このように、われわれが直面している高齢者医療は、元気に通院する前期高齢者ではなく、多くの疾患と老年症候群、日常生活障害を抱え、しばしば救急搬送される後期高齢者を主な対象としたものになってきている。つまり、臓器横断的で生活環境にも配慮した包括的な医療が必要であり、老年医学の役割は今後ますます重要

図1．フレイル（Frailty）の概念

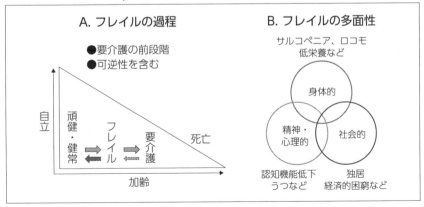

になることが確実である。

　また、多くの高齢者はフレイル（frailty）と呼ばれる中間的な状態を経て要介護状態に陥ることがわかっている（図1）。フレイルとは、高齢期に生理的予備能が低下することでストレスに対する脆弱性が亢進し、生活機能障害、要介護状態、死亡などの転帰に陥りやすい状態で、筋力の低下により動作の俊敏性が失われて転倒しやすくなるような身体的問題のみならず、認知機能障害やうつなどの精神・心理的問題、独居や経済的困窮などの社会的問題を含む概念である。適切なケアを施すことでフレイルを予防し、あるいはフレイルから要介護状態に移行するのを防ぎ、さらには頑健・健常なレベルまで改善することが期待できる。このようにフレイルは進行もするが可逆的でもあることが重要なポイントである。

2. 高齢患者の特徴

　高齢者の疾患・病態上の特徴を表2にまとめたが、特に後期高齢者によく当てはまる。前期高齢者にも老年疾患は多くみられるものの、まだ元気で日常生活機能も保たれている患者が多い。後期高齢者にも元気な患者はいるが、複数の老年疾患と高齢者特有の症状（老年症候群）を有し、日常生活に障害を抱え、介護を要する患者の比率が多くなる。

表2. 高齢者の疾患・病態上の特徴

| 1. 複数の疾患を有する |
| 2. 老年症候群が増加する |
| 3. 認知機能など日常生活障害を抱える |
| 4. 症状が非定型的である |
| 5. 薬物に対する反応性が異なる |
| 6. 社会的因子の影響が大きい |

多病は多剤服用に直結する問題として薬物療法上も重要である。高齢者の疾患は、生活習慣病をはじめとする慢性疾患が多く、臓器の老化が基盤にあるため根治しないという特徴がある。この点は、老年症候群においてより顕著となる。老年症候群は、高齢者に特徴的な QOL や ADL を阻害する症候で、ケアを含めた包括的な対処を要するものと定義される。一般に原因は多様で、ときにさまざまな臓器にまたがる。たとえば、夜間頻尿は前立腺肥大や過活動膀胱という下部尿路の障害だけでなく、尿濃縮能の低下という腎機能の加齢変化や心不全に対する利尿薬投与の影響、筋骨格系障害による疼痛などのために眠りが浅いことの影響、さらには下肢に貯留した体液が座位から臥位になることで多尿を招くなど生活習慣上の問題まで考慮に入れなければならない。そのため有効な治療法は少なく、介護要因にもなることが特徴である。在宅医療や介護施設まで含めた調査結果では、図2のように、認知症、尿失禁、難聴など非常に頻度の高いものから、嚥下困難、転倒など頻度はやや低くても、肺炎や骨折といった大きな問題につながるものまでさまざまな症候がある。それも、大抵の高齢患者は複数の症候を抱え、図2の集団

図2．老年症候群の頻度

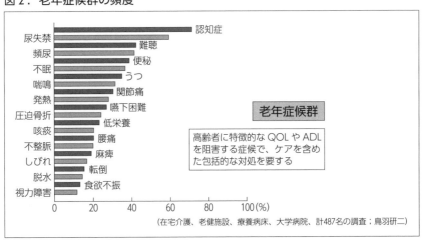

（在宅介護、老健施設、療養病床、大学病院、計487名の調査；鳥羽研二）

図3. 手段的 ADL の評価項目 (Lawton)

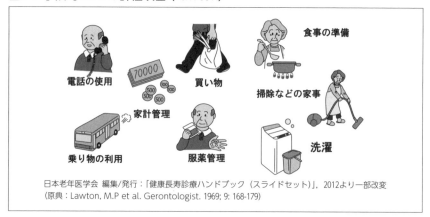

日本老年医学会 編集/発行：「健康長寿診療ハンドブック（スライドセット）」，2012より一部改変
（原典：Lawton, M.P et al. Gerontologist. 1969; 9: 168-179）

図4 A. 手段的 ADL 自立者割合の加齢変化（東大病院老年病科入院男性症例の解析）

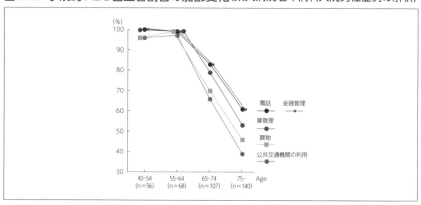

図4 B. 基本的 ADL 自立者割合の加齢変化（東大病院老年病科入院男性症例の解析）

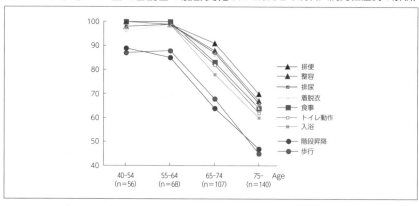

を年齢で解析した結果、年齢の1/10くらいの症候を有することがわかっている。

　疾患や症候と関連して日常生活に支障を来すことも高齢患者の特徴であるが、日常生活機能にはさまざまな側面がある。基本的 ADL から手段的さらには社会的 ADL とレベルが上がり、それぞれに評価尺度がある。図3に手段的 ADL の指標として代表的な Lawton による評価尺度の各項目を示すが、独居機能を評価するのに有用である。図4 Aに男性入院症例の手段的 ADL 各項目の自立度と年齢の関係を示すが、65歳以上、さらに75歳以上になると自立の割合が低下する。図5には基本的 ADL の指標である Barthel Index の項目を示すが、これらに障害があると日常的に介護が必要になる。基本的 ADL 項目も、65歳以降、加齢に伴い自立の割合が低下する（図4 B）。

　症状が非定型的であるという点では、胸痛の無い心筋梗塞、呼吸器症状のない肺炎、腹痛のないイレウスなど、若年成人では通常認められる症候を欠く病態が診断を難しくする。低血糖や肺炎が意識障害で初めて

図5．基本的 ADL の評価項目（Barthel Index）

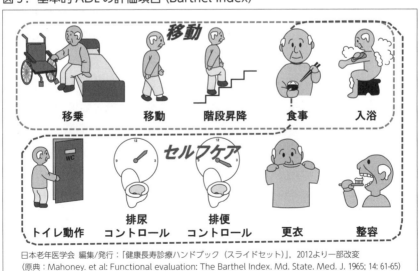

移乗　　移動　　階段昇降　　食事　　入浴

トイレ動作　排尿コントロール　排便コントロール　更衣　整容

日本老年医学会 編集/発行：「健康長寿診療ハンドブック（スライドセット）」，2012より一部改変
（原典：Mahoney. et al: Functional evaluation: The Barthel Index. Md. State. Med. J. 1965; 14: 61-65）

発見されるなど、結果的に重篤化と治療の遅れにつながる点が大きな問題である。食事、発語などの基本的な行動に変容を来す、急に理解が悪くなったなどの変化は背景に急性病態が隠れている可能性を考えて慎重に対処することが肝要である。社会的因子はフレイルの重要な要素でもあるが、生活環境や経済状況などを指し、独居のため家族による日常的な介護ができないことや、年金では十分に生活できない、あるいは施設に入れないといった現象が問題となる。今後都市部の高齢化が進むと、これらが顕在化、社会問題化しよう。高齢者個人を取り上げると、独居は服薬管理を含めて介護能力の問題であり、収入が少ないと必要な薬剤費が払えない、医療も満足に受けられないという状況を生み出す。現実には今の高齢者医療には過剰医療の傾向がみられるが、今後は過少医療・介護が心配である。

　ではこれらの特徴がどのような医療問題につながるのであろうか？

図6に示したように、年齢、疾患数、薬物有害事象、ADLの低下は長期入院に関連し[1]、患者にとってのみならず医療経済的な側面からも問題である。米国でも高齢者に対する医療提供について同様の問題が提起され、疾患ごとのガイドラインに盲目的に従うと、高齢者に断片的で不完全な治療が多数提供されてしまい、薬物有害事象の頻度も増加して患者の転帰は好ましいものにならないことが数多く報告されている[2][3]。実際に、疾患別ガイドラインでは、認知症患者や要介護高齢者はもちろん、いくつもの併存疾患がある場合や後期高齢者での対応については、エビデンスがないため記載もない。現状で取りうる最善策は、個々の症例に応じて包括的に対処することに尽きる。つまり、病態だけでなく患

1) Kojima T, Akishita M, Kameyama Y, et al. Factors associated with prolonged hospital stay in a geriatric ward of a university hospital in Japan. J Am Geriatr Soc 60: 1190-1, 2012.

2) Boyd CM, Darer J, Boult C, Fried LP, Boult L, Wu AW. Clinical practice guidelines and quality of care for older patients with multiple comorbid diseases: implications for pay for performance. JAMA 294: 716-24, 2005.

3) Boult C, Wieland GD. Comprehensive primary care for older patients with multiple chronic conditions: "Nobody rushes you through". JAMA 304: 1936-43, 2010.

図6. 老年病科入院患者の入院期間決定因子 (文献1)より引用改変)

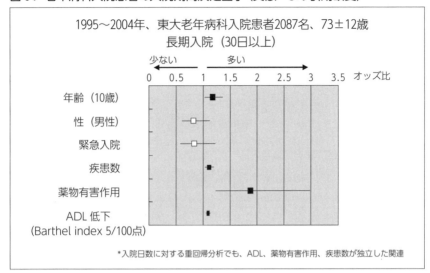

1995〜2004年、東大老年病科入院患者2087名、73±12歳
長期入院（30日以上）

少ない　多い

年齢（10歳）
性（男性）
緊急入院
疾患数
薬物有害作用
ADL低下
(Barthel index 5/100点)

＊入院日数に対する重回帰分析でも、ADL、薬物有害作用、疾患数が独立した関連

者の生活状況を考慮し、患者の意思や嗜好を汲み取って治療目標を設定し、それに応じて治療の優先順位を決めて段階的に実施することである。

3. 優先順位の高いアウトカムは

そもそも高齢者は医療に何を求めているのだろうか？　本来は場面に応じて個々に聴取するべきことだが、医療提供を考えるための基礎資料として調査を行った結果を図7に示す4)。医療サービスの達成目標12項目に順位をつけてもらうアンケート調査であるが、高齢者にとって「死亡率の低下」はそれほど重要な要素ではなく、身体機能の回復や家族の負担軽減、さらには病気の効果的治療を最重視していることがわかる。薬物療法や手術などの処置により病気を効果的に治療することは確かに重要である。しかし、老年症候群にみられるように有効性が期待できる

4) Akishita M, Ishii S, Kojima T, et al. Priorities of health care outcomes for the elderly. J Am Med Dir Assoc 14: 479-484, 2013.

図7. 高齢者医療の優先順位に関する意識調査

順位	地域高齢者* (N=2,637)	デイケア利用者 (N=795)	老年病専門医 (N=619)	5学会専門医 (N=1,305)	介護職員 (N=204)
1	病気の効果的治療	身体機能の回復	QOLの改善	QOLの改善	QOLの改善
2	家族の負担軽減	病気の効果的治療	利用者の満足	利用者の満足	活動能力の維持
3	身体機能の回復	家族の負担軽減	病気の効果的治療	活動能力の維持	家族の負担軽減
4	活動能力の維持	QOLの改善	活動能力の維持	身体機能の回復	問題の解決
5	問題の解決	活動能力の維持	身体機能の回復	病気の効果的治療	精神状態の改善
6	精神状態の改善	精神状態の改善	精神状態の改善	家族の負担軽減	利用者の満足
7	QOLの改善	利用者の満足	問題の解決	問題の解決	身体機能の回復
8	利用者の満足	問題の解決	家族の負担軽減	精神状態の改善	地域社会との交流
9	資源の効率的利用	資源の効率的利用	資源の効率的利用	資源の効率的利用	病気の効果的治療
10	地域社会との交流	地域社会との交流	地域社会との交流	地域社会との交流	資源の効率的利用
11	施設入所の回避	施設入所の回避	施設入所の回避	施設入所の回避	施設入所の回避
12	死亡率の低下	死亡率の低下	死亡率の低下	死亡率の低下	死亡率の低下

*65歳以上住民で、要介護認定なし

(文献4)より引用改変)

治療は実際には少なく、高齢者医療に関する一般市民の啓発がもっと必要だと思われる。他に有効な治療薬がないからという理由で漫然と処方が継続されているケースをよくみるが、処方側だけの問題ではなく、患者側も同様の理由で処方継続を希望するという話をよく聞く。効果的な医療がないのなら、介護や慢性期のリハビリテーション、生活習慣の改善など、いわゆる医療以外のケアを進言して、身体機能を少しでも回復させ、それによって家族の負担を減らす方策を考えるのも医療提供者の役目であろう。そういう視点によくあてはまるのが介護職員（デイケア担当）の優先順位で、医師側とも患者側とも異なっていて興味深い。患者側が期待する身体機能の回復の順位が低く、活動能力の維持の順位が高いが、慢性期のデイケアでは改善までは見込めないことが多いという現実を受けた回答なのかもしれない。

　そして医療を提供する側を通じて1位だったのが「QOLの改善」である。患者側で順位が低かったのは、QOLに"生活の質"という日本語訳をつけたせいかもしれない。最初に述べたように、life には生活の

他に人生や生命という高齢者医療では重要な意味がいくつも込められているので、医療関係者にとってゴールドスタンダードであることは確実であろう。では、QOLはどのような要素からなるのであろうか？

QOLには、健康状態やADLといった客観的な尺度と、主観的幸福感（subjective well-being）や健康度でもより主観的な健康評価尺度が含まれる（表3）。したがって、研究でよく用いられるShort Form（SF）-36やより簡便なQOLの指標もあるが、高齢者のQOLは本来、上記の各種評価を総合した形で判定されるべきものである。

このような視点で医療提供を行うには、優先順位が高い項目をきちん

表3．QOLの構成要素

■ 身体的 ⎤
■ 精神的 ⎬ 健康関連
■ 経済的 ⎪
■ 社会的 ⎦

■ 主観的、自覚的
　満足感、幸福感 well-being
■ 客観的、他覚的
　疾患指標、ADL、収入、家庭環境

(筆者作成)

表4．高齢者医療の優先順位と評価法－デイケア利用者の優先順位を基に－

1. 身体機能の回復：	ADLの評価
2. 病気の効果的治療	
3. 介護者の負担軽減：	介護負担度の評価
4. QOLの改善：	QOLの評価
5. 活動能力の維持：	ADL、意欲の評価
6. 精神状態の改善：	うつ、認知機能の評価
・	
・	⇩
12. 死亡率の低下	高齢者総合的機能評価 （CGA）の必要性

と評価することが重要になる。先ほどの調査で、デイケア患者の優先順位を例に、対応する評価法を示したが、血液検査や画像診断などの医学検査で評価できるのは病気の効果的治療くらいではなかろうか（表4）。ADL、QOL、気分・意欲、認知機能、介護負担感を評価しなければ高齢患者の要求に応えることはできない。各評価指標の詳細は省くが、それらを系統的に評価する手法が高齢者総合機能評価（Comprehensive Geriatric Assessment, CGA）であり、高齢者医療に最も特徴的でかつ重要なスキルである。

4. 高齢者の QOL を維持・改善するための医療とケア

　高齢者の QOL に大きく影響するのが老年症候群であるため、老年症候群に対して適切な医療・ケアを実践することが大切である。症候の原因を探ると、若年者では通常1つの疾患にたどり着く。しかし高齢者の場合、多疾患の複合状態として症候が形成されることが多い（図8）。たとえば、歩行困難の原因を調べたら、脳梗塞後遺症、サルコペニア（加齢性筋肉減少症）、骨粗鬆症による脊椎多発骨折、腰部脊柱管狭窄

図8．老年症候群に対するアプローチは若年成人へのアプローチと異なる：cure vs. care

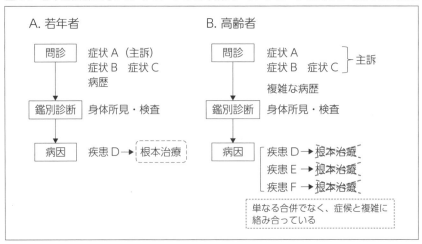

症、糖尿病性神経症と治療困難な病気がずらっとみつかるといったケースである。そうなると、医療によって完治（cure）を目指すのではなく、療養環境の調整や介護サービス、つまりケア（care）を含めた包括的な対処が必要ということになる。超高齢社会を迎えて「治す医療から治し支える医療へ」とパラダイム転換が叫ばれる所以である。

　若年者の症候は原因を取り除けば治る可能性が高いのに対して、高齢者の場合には諸臓器の老化が背景にあるため病気は完治しない、ということを医療者側と患者側の双方が認識する必要がある。治らない病気を必死で治そうとしてしまうと、薬物有害事象（広義の副作用）で苦しむことになる。

　高齢者は多病ゆえにある程度の薬剤は必要であるが、つい多剤服用（ポリファーマシー）になりがちである。その結果が薬物有害事象と飲み忘れ・飲み残しである。高齢者はただでさえ加齢に伴う肝機能や腎機能の低下から薬物の代謝・排泄能が低下し、薬効過多に陥りやすい。さらにポリファーマシーによる薬物相互作用が加わると、薬物有害事象のリスクは著しく上昇する。特に6種類以上の薬剤を服用している高齢者は薬物有害事象のリスクが高いと報告されている[5]。

　高齢者ではほとんどの薬物有害事象が若年者より起きやすいと考えてよいが、特に老年症候群の原因となる薬剤が多く、薬剤起因性老年症候群と呼ばれる。薬剤が原因なのに、年齢のせいとか、病気のせいにされて見過ごされるケースが多い点が問題である。表5に主な症候と原因薬剤をまとめたが、該当薬を服用していないか処方をチェックし、中止・減量をまず考慮したい。疾患の治療上、中止が困難な場合は、より安全な薬に切り替えることができないか検討するべきである。

---

5) Kojima T, Akishita M, Kameyama Y, et al. High risk of adverse drug reactions in elderly patients taking six or more drugs: analysis of inpatient database. Geriatr Gerontol Int. 12: 761-2, 2012.

表５．薬剤起因性老年症候群と主な原因薬剤

症候	薬剤
ふらつき・転倒	降圧薬（特に中枢性降圧薬、α遮断薬、β遮断薬）、睡眠薬、抗不安薬、抗うつ薬、てんかん治療薬、抗精神病薬（フェノチアジン系）、パーキンソン病治療薬（抗コリン薬）、抗ヒスタミン薬（H2受容体拮抗薬含む）、メマンチン
記憶障害	降圧薬（中枢性降圧薬、α遮断薬、β遮断薬）、睡眠薬・抗不安薬（ベンゾジアゼピン）、抗うつ薬（三環系）、てんかん治療薬、抗精神病薬（フェノチアジン系）、パーキンソン病治療薬、抗ヒスタミン薬（H2受容体拮抗薬含む）
せん妄	パーキンソン病治療薬、睡眠薬、抗不安薬、抗うつ薬（三環系）、抗ヒスタミン薬（H2受容体拮抗薬含む）、降圧薬（中枢性降圧薬、β遮断薬）、ジギタリス、抗不整脈薬（リドカイン、メキシレチン）、気管支拡張薬（テオフィリン、アミノフィリン）、副腎皮質ステロイド
抑うつ	中枢性降圧薬、β遮断薬、抗ヒスタミン薬（H2受容体拮抗薬含む）、抗精神病薬、抗甲状腺薬、副腎皮質ステロイド
食欲低下	非ステロイド性抗炎症薬（NSAID）、アスピリン、緩下剤、抗不安薬、抗精神病薬、パーキンソン病治療薬（抗コリン薬）、選択的セロトニン再取り込み阻害薬（SSRI）、コリンエステラーゼ阻害薬、ビスホスホネート、ビグアナイド
便秘	睡眠薬・抗不安薬（ベンゾジアゼピン）、抗うつ薬（三環系）、過活動膀胱治療薬（ムスカリン受容体拮抗薬）、腸管鎮痙薬（アトロピン、ブチルスコポラミン）、抗ヒスタミン薬（H2受容体拮抗薬含む）、αグルコシダーゼ阻害薬、抗精神病薬（フェノチアジン系）、パーキンソン病治療薬（抗コリン薬）
排尿障害・尿失禁	抗うつ薬（三環系）、過活動膀胱治療薬（ムスカリン受容体拮抗薬）、腸管鎮痙薬（アトロピン、ブチルスコポラミン）、抗ヒスタミン薬（H2受容体拮抗薬含む）、睡眠薬・抗不安薬（ベンゾジアゼピン）、抗精神病薬（フェノチアジン系）、トリヘキシフェニジル、α遮断薬、利尿薬

（高齢者の医薬品適正使用の指針（総論編）より、厚生労働省）

5. コロナ禍が高齢者の QOL に及ぼす影響とその対応

　新型コロナウイルス感染対策で外出や運動を控えた結果、体力が落ちた人は若年者でも多い。しかし、高齢者の場合、体を動かさず社会との交流も減るなど生活が不活発になると、筋力や認知機能が低下してくる（図９）。体を動かさないことによる脳への悪影響に加えて、人と会話をしないことが脳を衰えさせる。すると、意欲も低下し、料理や買物が面倒になる。動かないので食欲もでない。十分な栄養を摂らないと低栄養になり、さらに筋肉が衰える悪循環が形成され、生活に必要な動作が行いにくい、フレイルの状態に陥ることになる。この悪循環とともに

図9. コロナ禍での生活不活発の悪循環

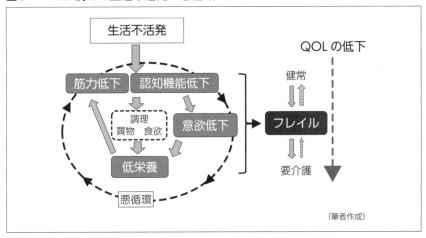

(筆者作成)

表6. フレイルの症状

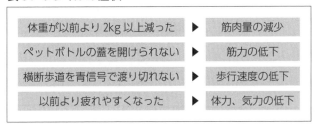

体重が以前より 2kg 以上減った ▶	筋肉量の減少
ペットボトルの蓋を開けられない ▶	筋力の低下
横断歩道を青信号で渡り切れない ▶	歩行速度の低下
以前より疲れやすくなった ▶	体力、気力の低下

図10. コロナ禍での外出自粛の "益と害"

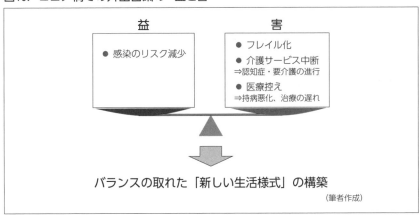

(筆者作成)

QOL も低下していく。

　まず、フレイル症状が出ていないか、表6の症状をチェックしてみるとよい。当てはまる場合はもちろん、まだ大丈夫という場合も、フレイル予防のために以下の点に気をつけるよう指導する。

　　運動：座っている時間をなるべく減らす。筋肉を維持するために、スクワットやイスからの立ち上がりなど筋肉に負荷のかかる運動が必要。屋外運動も散歩くらいは心がける。人と2m以上離れれば、必ずしもマスクの装着は必要ない。

　　栄養：何よりも3食欠かさず食べること。そして栄養バランスを考え、筋肉の材料となるタンパク質を十分に摂り、ビタミン、ミネラルの不足にも注意する。栄養は免疫力の維持にも役立つ。

　　口腔：毎食後と寝る前に歯を磨く。口の清潔は、肺炎などの感染症予防に有効。自粛生活で人と話す機会が減り、口周りや喉の力が衰えることがある。電話も活用して、会話を増やす。

　　社会的ネットワーク：孤立してうつ状態にならないためにも、人との交流は重要。家族や友人がお互いに支え合い、電話やSNSも活用して、定期的に連絡を取るようにする。

おわりに

　コロナ禍が長期化するほどフレイル化とQOLの低下は切実な問題となる。また、介護サービスの中断や医療機関の受診控えで、持病の悪化や治療の遅れが生じている。感染以外にも、われわれはさまざまな健康リスクを抱えながら生きていることを忘れてはならない。感染を避けつつ、これまでの生活習慣をできるだけ維持することがQOLを維持し、健康長寿を達成するための道といえるであろう。

2 フレイル予防の包括的アプローチ

飯島勝矢（東京大学高齢社会総合研究機構機構長・未来ビジョン研究センター教授）

1. 真の地域包括ケアシステムへ：社会システム全体を組み替える必要性

　わが国においては世界に例のない少子高齢化が進んでおり、こうした急激な人口構成の変化に対応し、医療／介護を含む社会保障・居住環境・社会的インフラ・就業形態をはじめとした社会システム全体を組み替える必要性が目前に迫っている。すなわち、高齢者の健康寿命を延伸し、経済活動・地域活動への参加を促すことによって高齢者も「社会の支え手」とする新しい社会システムを追い求める必要がある。

2. 新概念「フレイル」を軸としたパラダイム転換

　加齢に伴い心身の機能が徐々に低下し、虚弱（frailty）に傾きながら、自立度低下を経て要介護に状態に陥っていく。全国民への予防意識を高めるため、2014年にわれわれ日本老年医学会から虚弱のことを『フレイル』と呼ぶことを提唱した（図1）。この新たな概念であるフレイルには、次なる3つの要素が含まれている。

①【中間の時期】健康な状態と要介護状態の中間地点
②【多面性】骨格筋を中心とした身体の虚弱（フィジカル・フレイル）だけではなく、図1右上に示すように、こころ／認知の虚弱（メンタル／コグニティブ・フレイル）、および社会性の虚弱（ソーシャル・フレイル）が存在する[1]

1）平成24〜26年度 厚生労働科学研究費補助金 長寿科学総合研究事業「虚弱・サルコペニアモデルを踏まえた高齢者食生活支援の枠組みと包括的介護予防プログラムの考案および検証を目的とした調査研究」報告書

③【可逆性】しかるべき適切な介入により機能（予備能力・残存機能）を戻すことができる時期

Fried らによりサルコペニア（筋肉減弱症）を中心とするフレイル・サイクル（Frailty cycle）が示されている[2]。サルコペニアが若干進行すると安静時代謝が減り、消費エネルギーも減ることから、食欲（食事摂取量）低下に傾き、低栄養や体重減少に陥っていき、次なるサルコペニアの進行を促すという、いわゆる負の連鎖を示している。そこに、社会的問題（独居、閉じこもり、貧困等）や精神心理的問題（認知機能障害や抑うつ等）も大きく関わってくる。この負の連鎖をいかにより早期から断ち切れるのかが大きな課題である。

図1．虚弱（Frailty)⇒フレイル

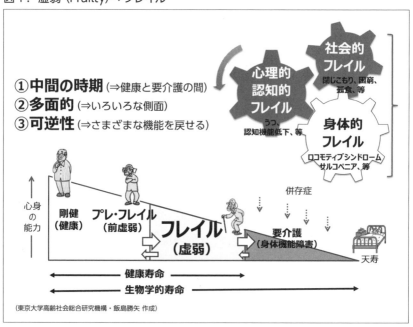

（東京大学高齢社会総合研究機構・飯島勝矢 作成）

2）Xue QL, Fried LP, et al. Initial manifestations of frailty criteria and the development of frailty phenotype in the Women's Health and Aging Study II. J Gerontol A Biol Sci Med Sci 2008; 63: 984-990.

3. 高齢期における食：メタボ予防からフレイル予防へのギアチェンジ

　「食」は生きていくための原点である。また、フレイル予防の軸は栄養であることも間違いない。その中で、国民、特に高齢者の食事摂取に対する認識はどこにあるのだろうか。なぜならば、全国的にみても、後期高齢者（もしくは70歳以上）の中でまだ体重を2〜3kg減量しなければならないと常に考えている高齢者も決して少なくはない。これは、メタボ概念（言い換えればカロリー制限の意味）を中年の頃から意識してきたため、かなり上の年齢にあった時期でも減量を意識しているのだろう。どの高齢者に生活習慣病を厳格に管理するためにカロリー制限や塩分制限を継続し続けるのか、一方で、どのような高齢者のどの時期から従来のメタボ概念からフレイル予防（言い換えれば、しっかりとカロリーを摂取する）へ切り替えてもらうべきなのか、非常に分かり難い現状がある。この考え方のギアチェンジ（課題の移行：スイッチング）は、今後フレイル予防を進める中で非常に重要な鍵になる（図2）。高齢者の「食力」はさまざまな要素で下支えされている。残存歯数や咀嚼力、嚥下機能、咬合支持も含めた歯科口腔機能、多病による多剤併用（polypharmacy）は知らないうちに食欲減退につながる危険性も高い。口腔含む全身のサルコペニアの問題、さらには栄養（栄養摂取バランスの偏り等の食事摂取状態だけではなく、食に対する誤認識も含まれる）などの要素も関与は大きい。そして、それら以上に社会性やうつ等の精神心理面、認知機能、経済的問題等である。すなわち地域ごとの従来の介護予防事業を今まで以上に底上げし、さらに専門職の支援活動（栄養、口腔、服薬、等）に加え、国民目線での活動（自助・共助・互助）を軸とするまちづくりの中で、「しっかり噛んでしっかり食べる」という原点をいかに各国民が改めて自分事化し、大きな国民運動にまで発展させ、最終的には包括的な介護予防等の施策改善に資する流れに繋げたい。

図2．年齢別カロリー摂取に関する考え方の「ギアチェンジ」

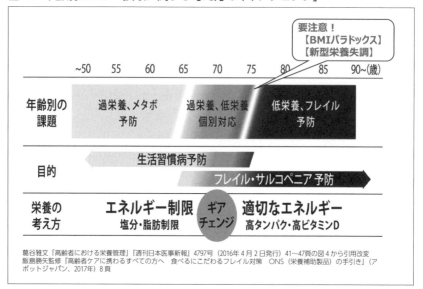

葛谷雅文「高齢者における栄養管理」『週刊日本医事新報』4797号（2016年4月2日発行）41～47頁の図4から引用改変
飯島勝矢監修『高齢者ケアに携わるすべての方へ　食べるにこだわるフレイル対策　ONS（栄養補助製品）の手引き』（アボットジャパン、2017年）8頁

4. 新エビデンスをふまえた地域活動を

　フレイル予防のためのエビデンス創出をするために、筆者は千葉県柏市をフィールドとする『柏スタディ』（高齢者大規模フレイル予防研究：主に自立高齢者が対象、開始時平均年齢73歳）を展開している。これはサルコペニアの視点を軸に、「些細な老いの兆候」を多角的側面から評価する形で推し進め、最終的に「市民により早期の気づきを与えることにより自分事化させ、どのように意識変容～行動変容させ得るのか」という着眼点から出発した[1]。そこには心身状態への精緻な学術的評価アプローチは必須だが、一方で、国民自身が意識変容そして行動変容へと移り変わりやすくするための簡便なスクリーニング指標を確立することも必須な条件である。言い換えれば、国民自身が「しっかり噛んでしっかり食べ、しっかり動く、そして社会性を高く保つ」という基本的な概念を改めて再認識し、より早期からのリテラシー向上を達成できるのかが最重要である。

数多くの最新知見が見い出されたが、孤食のリスク、中でも「同居家族がいるにもかかわらずいつも孤食である」という高齢者は非常にフレイルのリスクが高いことも判明した[1)3)]。サルコペニア（フレイルの大きな要因）に対して、国民自身にいかに早期から予防意識を高めるもらうために「指輪っかテスト」を考案した。自らの指輪っか（親指と人指し指）のサイズで自分の下腿周囲の最大部分を囲み、隙間ができるかどうかを自己評価するものである[4)]。この3群比較は、約4年間の追跡において約3.2倍の総死亡リスクがあることがわかった。

　また、歯科口腔機能の維持〜向上は必要不可欠である。柏スタディでは歯科口腔機能も含めて多岐にわたる調査項目を測定した。詳細なデータは割愛するが、加齢変化という視点で見てみると、男女ともに残存歯数が著明に加齢変化を取りやすく、続いて義歯装着（下顎）の有無、オーラルディアドコ（パタカ：滑舌を意味する巧緻性）、ガム咀嚼（総合咀嚼力）、舌圧などが顕著な加齢変化を示した[1)]。さらに、これらの評価項目はサルコペニアの有無で分けた3群（健常群、サルコペニア予備群、サルコペニア群）比較で有意に低値になっていた。また、口腔機能における軽微な衰え（滑舌の低下、食べこぼし・わずかのむせ、噛めない食品が増える、等）も初期のフレイル化に重要な位置づけであることがわかり、「オーラルフレイル」という新概念が構築された[5)]。

5. 健康長寿につながるフレイル予防のための3つの柱

　われわれのいくつかの研究により、健康長寿（フレイル予防）のための3つの柱としては、「栄養（食・口腔機能）」「身体活動（運動など）」

3) Kuroda A, Iijima K, et al. Eating Alone as Social Disengagement is Strongly Associated With Depressive Symptoms in Japanese Community-Dwelling Older Adults. J Am Med Dir Assoc. 2015; 16: 578-85.

4) Tanaka T, Iijima K, et al. "Yubi-wakka" (finger-ring) test: A practical self-screening method for sarcopenia, and a predictor of disability and mortality among Japanese community-dwelling older adults. Geriatr Gerontol Int. 2018 Feb; 18(2): 224-232.

5) Tanaka T, Iijima K, et al. J Gerontol A Biol Sci Med Sci. 2017 Nov 17 (in press).

「社会参加（就労、余暇活動、ボランテイアなど）」の３つに集約できる。それらを住民個々人が継続できる形で、しかも３つの柱を三位一体として全ての要素を自分の日常生活にいかに溶け込ませることができるのか、そのような意識変容を促す必要がある[1]（図３Ａ）。また、図３Ｂには「フレイル・ドミノ」を示した。われわれが衰えていく中で、全ての要素に底上げが必要だが、特に社会性（人とのつながり等）の重要性をどのように国民全体で再認識すべきなのかが、今まさに問われている。

　実際に、筆者らのある研究結果を紹介したい（図４）。これは研究協力をいただいたある自治体における約５万人の自立高齢者悉皆調査によるデータベースからの解析である。身体活動（運動習慣）、文化活動、地域・ボランティア活動をそれぞれに日常生活に組み込まれて定期的に日課になっている方（○）とそうではない方（×）に分け、８つのグ

図３．健康長寿のための『３つの柱』とフレイル・ドミノ

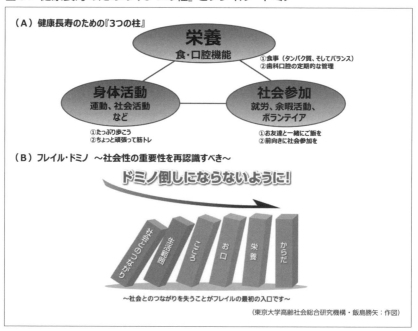

（東京大学高齢社会総合研究機構・飯島勝矢：作図）

ループに分けてフレイル状態になってしまっている危険度の高さを相対的比較している。まず、3つとも○の方が1番低リスクだったので、その危険度を1と仮定してみると、3つとも×の方のリスクは約16倍以上だった。さらに、運動習慣だけを持っている高齢者よりも、運動習慣は持っていないが文化活動と地域活動を習慣的にやっている高齢者の方がフレイルになっている危険度が約3分の1だった（図4：点線同士の比較）6)。これは人とのつながりを基盤とした社会参加を示唆しており、いかに普段から地域に出て人とつながり続け、典型的な運動ではないが、結果的に身体を動かしているのか、それがフレイル予防につながることを示している。

図4．フレイル予防には「人とのつながり」が重要－さまざまな活動の複数実施とフレイルへのリスク－

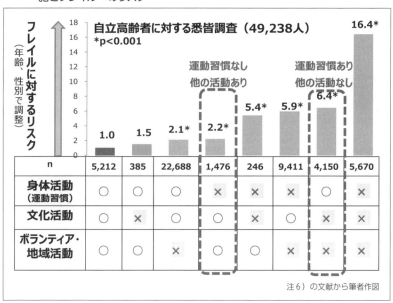

注6)の文献から筆者作図

---

6) 吉澤裕世、飯島勝矢ら「地域在住高齢者における身体・文化・地域活動の重複実施とフレイルとの関係」『日本公衆衛生雑誌』66巻6号（2019年）306〜316頁

6. エビデンスからポピュレーションアプローチへ

　フレイル予防の中では、特に栄養（食と口腔機能）の視点は最も重要であり、国民がこの原点をどのように再認識できるのかが鍵になるのだろう。全国のさまざまな地域において、「しっかり嚙んで、しっかり食べ、しっかり動き、そしてしっかり社会性を高く保つ！」という原点をわかりやすく見える化しながら、個々の地域においてまちぐるみの取組みとして、従来の介護予防事業から新たなフレイル予防活動へと進化し、そしてその地域に根付き、最終的には次の世代へ引き継がれることになって初めて意味のあるものになるのだろう。図5および図6に示すのは、筆者が現在取り組んでいる「地域の高齢者市民主体のフレイルチェック活動」である[7]。柏スタディを中心とした科学的研究から裏付けられたエビデンスを活用し、高齢住民同士でできる簡易測定評価項目

図5．フレイル予防を通した市民主体の健康長寿まちづくり

（東京大学・飯島勝矢：作図）

図6．三位一体の包括的フレイル・チェック

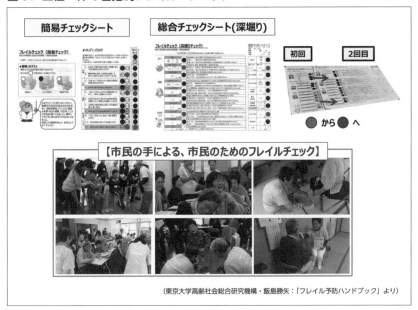

（東京大学高齢社会総合研究機構・飯島勝矢：「フレイル予防ハンドブック」より）

を盛り込み、上記のフレイル予防の3つの柱（三位一体：①食と口腔機能による栄養、②運動を軸とする身体活動、③社会参加）が包含されているものであり、高齢住民による新しいフレイル予防サポーター（元気高齢者の担い手役も兼ねる）を養成しながら、楽しい場でサルコペニアも含むフレイルに対する対策を市民目線で学び合い、早めの気づきを受け、自分事化をする流れとなっている。

7．COVID-19の影響・高齢者の自粛生活長期化による生活不活発を基盤とする健康二次被害（フレイル化）

2020年、新型コロナウイルス感染症の世界的な流行の中で、日本においても大きな問題を起こしている。しかし、私たちの日常の生活は簡単

7）平成27年度 老人保健健康増進等事業「口腔機能・栄養・運動・社会参加を総合化した複合型健康増進プログラムを用いての新たな健康づくり市民サポーター養成研修マニュアルの考察と検証（地域サロンを活用したモデル構築）を目的とした研究事業」報告書

には元に戻ることはできそうもない。さらに、高齢者では重症化リスクが高いことは数多く報道されており周知の事実であるが、その重症化問題とは別に、もう1つの側面にも対応しなければならない状況にもなってきた。

　筆者が率いるフレイル予防研究チームが主導している前述の住民主体活動（フレイルチェック）において、COVID-19問題により一時的に活動を止めていたが、2020年夏から再開した自治体がいくつも存在する。そこに研究協力を依頼し、COVID-19問題勃発前のデータと比較することができた。それにより、単なる感染リスクだけではなく、高齢者の自粛生活長期化による生活不活発を基盤とする健康二次被害（フレイル化およびフレイル状態の悪化）が明確なエビデンスとして見えてきたのである。すなわち、過剰な恐怖を背景とした自粛生活長期化により、顕著な生活不活発および食生活の乱れ、さらには人とのつながりの断絶が見られた。

　調査を行った自治体において、40%強の高齢者に外出頻度の著明低下が認められ、中でも14%の方が週1回未満の外出頻度（＝閉じこもり傾向）まで低下していた。さらに、外出頻度だけではなく、「バランスの良い食事ができていない」、「買い物に行けず食材が手に入らない」、「献立を考えるのが面倒になった」、「食事も疎かになり簡単に済ませる」等の悪影響も認められた。フレイルチェックは質問票だけではなく、フレイルサポーターがさまざまな身体機能の実測も行ってくれている。新型コロナ感染症流行の前後比較での実測値の変化では、握力の低下、ふくらはぎ周囲長の低下、筋肉量の減少（特に体幹部は約8％減少）、滑舌の低下などが認められた。81歳女性の実例も掲載する（図7）。

おわりに：フレイル予防は「総合知によるまちづくり」そのもの

　個々の健康寿命を延伸し、快活なまちづくりを目指す中で、フレイル研究・サルコペニア研究を基盤としながら、多面的な要素で進行するフ

図7. フレイルチェック活動導入自治体からの新知見

（例）81歳女性

連番	コロナ前	●	コロナ後	
性別		女		
受診日	2019.11.19	→	2020.7.20	
ゆび輪っかテスト.	隙間ができる	→	囲めない（ちょうど囲める）	
栄養：健康に気をつけた食事を心.	はい	→	はい	
栄養：野菜と主菜を毎日2回以上.	はい	→	はい	
口腔：「たくあん」の固さの食品.	はい	→	はい	
口腔：お茶や汁物でむせることが.	いいえ	→	いいえ	
運動：30分の運動を週2日、1.	はい	→	はい	
運動：身体活動を1日1時間以上.	はい	→	はい	
運動：⑦同姓同年齢と比べて歩く.	はい	→	はい	
社こ：昨年と比べて外出の回数が.	いいえ	→	はい	
社こ：1回／日以上は、誰かと一.	はい	→	はい	
社こ：自分が活気に溢れていると.	いいえ	→	いいえ	
社こ：何よりもまず、物忘れが気.	いいえ	→	いいえ	
咬筋.	強い	→	強い	
滑舌（タ）数値.	6	→	4	-2
滑舌（カ）数値.	5.8	→	3.8	-2
滑舌（タ）.	6.0以上	→	6.0未満	
お口の元気度 数値.	58	→	56	-2
お口の元気度.	58～60点	→	12～57点	
片足立ち上がり	立てる	→	立てる	
ふくらはぎ周囲長 数値.	32	→	31	-1
ふくらはぎ周囲長.	十分な筋肉	→	サルコペニアの可能性	
握力 数値.	21.3	→	19.4	-1.9
握力.	十分な筋肉	→	サルコペニアの可能性	
総筋量 数値.	30.1	→	29.95	-0.15
体幹筋量 数値.	17.75	→	15.8	-1.95
手足の筋肉量 数値.	6.3	→	6.46	0.16
手足の筋肉量.	十分な筋肉	→	十分な筋肉	
人とのつながり 数値.	15	→	13	-2
人とのつながり.	12～30点	→	12～30点	
組織参加 数値.	1	→	1	0
組織参加.	1～7点	→	1～7点	
支え合い 数値.	3	→	4	1
支え合い.	1～3点	→	4点	

（東京大学・飯島勝矢：データ提供）

レイルに対する早期予防は非常に重要である。そのためには、基礎研究から臨床応用へ、そして患者様へのフィードバック、さらには地域コミュニティに在住している一般住民に対するポピュレーションアプローチの一連の流れが必要となる。

　高齢期になってもいつまでも弱らず自立した生活を維持し、むしろ担い手側になってもらいたい。そして、人生100年時代を生き切ったと感

じる人生を送って欲しい。それを実現するためには、個々の高齢者自身の課題でもあると同時に、全ての住民を抱えたコミュニティそのものが抱えている大きな課題でもある。その意味では、わが国は大きな転換期を迎えていると言っても過言ではない。言い換えれば、今後の医療改革およびヘルスケア対策は「総合知によるまちづくり」の一環として大きな役割を担っており、その最たるものがフレイル予防の取組みだと思う。そして、予防とケアの両面がバランスの取れた住み慣れたまちを目指したい。さらに、付け加えたいこととして、そこには医科―歯科―栄養を中心としたしっかりとした協働の大きなムーブメントも必要であり、新旧のエビデンスを十分ふまえた上での包括的アプローチをいかに有効的に持続可能な形で達成するのかが重要な課題である。2020年4月に厚生労働省の新しい制度「高齢者の保健事業と介護予防の一体的実施」が打ち出され、後期高齢者向けの通称フレイル健診という名の新質問票（15問）も作成されている。保健事業における各疾患や健診の異常結果を軸としながらの従来の保健指導から、フレイル予防の視点をもっとふまえた上での専門職対応が求められている流れにもなってきている。それら全てを達成することが最終的にはわれわれの追い求める「Aging in Place」につながるのだろう。

※本稿は、『臨床栄養』134巻5号（2019年5月、医歯薬出版）に掲載された拙稿「フレイル予防で健康長寿をめざす―From Bench to Community」を基に加筆・修正した。

認知症2025年の課題と対応

朝田隆（筑波大学名誉教授、メモリークリニックお茶の水院長）

はじめに

　昭和50年代後半に、筆者が認知症臨床に従事し始めた頃、認知症の早期発見や治療という概念はほぼないに等しい状態であった。それだけに病院を初診する認知症患者さんの大半は、すでに重度の状態にあった。また病院で認知症だけが問題の患者さんに精査や加療のために入院してもらうことも稀であった。だから筆者は、特別養護老人ホームで認知症患者さんを診察する比重が高かった。

　そこで今でも印象に残る施設長の発言があった。「うちに入るのが心の命日、次に本当の命日が来る」というものである。当時は、今のように多種のケア施設などなかった。それだけに長期間の自宅ケアで家族が疲弊し力尽きてやっとホームに入れるのが普通であった。そこで入所には姥捨て山的なイメージがつきものだった。だから「心の命日」とは、当人が生きていても、面会や音信はなくなり、家族間の心の絆が切れ始める日という意味である。

　その後、最近に至るまでそのような傾向は薄れてゆき、認知症当事者の症状と家族の介護力のバランスに応じてその時々にふさわしい介護を継続しようという方向性が主流になっていった。ところがCOVID-19という世界の一大事が起こったのである。認知症のケア領域において、このコロナ禍は、面会や外出の制限に直結した。当事者、ご家族の面会したいという思いは強くても、感染の危険性防止という理由で接触がなくなれば、新たな「心の命日」が生じたとしても不思議ではない。

　2019年に発表された認知症施策推進大綱[1]に言う、「共生」の根幹と

なるのは、この認知症当事者とその周囲の絆である。本稿ではこの「共生」と、大綱のもう1つのポイント「予防」という観点から認知症に関する近未来の課題について述べていきたい。

1. 共生

ここでは共生について、施設と家庭におけるものとに分けて述べたい。

(1) 施設における共生

コロナが心配で出かけない、大人数が集まるところには行かないという高齢者は少なくない。2020年春頃からコロナの感染拡大で、認知症患者の症状に影響していると叫ばれるようになった。たとえば老年医学会と広島大学により[2]2020年8月に発表されたデータは、いかにもと思われる。その内容は次のように要約される。

・全国の高齢者医療・介護施設945ヵ所と介護支援専門員751人を対象
・今年2～6月の期間に入院・入所中の認知症患者、在宅患者
・重度患者の約67％で認知機能の低下
・軽度・中等度患者の約66％で身体活動量の低下
・重度問わず、関心や意欲の低下

こうしたマスコミ報道は続いており、現時点でこれに関する医学論文を筆者は知らないが、コロナ禍が長期化するとともに悪化はさらに増え実証的な数字も固まっていくものと思われる。

さて不活発のデメリットはわかっていても、危険を感じる当事者や家族は通所を嫌がる。また利用者にコロナの患者が発生すれば施設は、活動を休まざるをえない。感染予防の基本として、3密（密閉、密集、密

1）厚生労働省「認知症施策推進大綱」 www.mhlw.go.jp/content/000522832.pdf
2）老年医学会、広島大「コロナ拡大による生活変化―認知症患者の症状に影響」www.yakuji.co.jp/entry80798.html

接）を避けよとされる。しかし認知症の方に対応する医療・介護施設において この３密が避けられるだろうか？　入浴、食事、整容など基本的な介助のどれをとっても、３密がなくてはできないものばかりである。実際、クラスター感染の少なからぬ発生が医療や介護保険系の施設で起こっている。

　そこで多くの施設では、感染症対策による入居者への制限として次のような処置がとられている。外出制限、家族・親族との面会制限、施設内でのボランティアなどによる催し中止、訪問歯科や訪問美容の禁止、訪問販売の中止などである。もっともこれに対して、「外出制限という言葉からは、入居者を一歩も外に出さないことと捉えられかねません。しかしその本質は、大勢が集まる場所へ出かけるのを避けることです」という正論も耳にする。

　こうした状況では、今まで以上に、同じ施設で過ごす者同士の関係が重要になるだろう。「なじみの関係」という言葉によって温故知新の提案をしたい。これは1970年代に当時の国立療養所菊池病院の室伏君士院長が提唱したものである。その考え方を文献[3]からかいつまんで紹介する。

　「痴呆性高齢者では人間関係、知的能力、生活史を失い、これが痴呆を促進させたりする。このような事態に対しては、生きる頼りの拠りどころの人、場、状況、物を与えると良く、特になじみの仲間が重要で、これはメンタルケアの基本となる。他人どうしの老女たち（特に老年痴呆）が、お互いに迎合・同調的に、自分なりの一方的な話のうなずき合い（偽会話）や、楽しみ、手仕事、日常行動、寝食などの生活をともにして毎日一緒に暮らしていると、数週〜数ヵ月たつと親しくなった相手を昔からよく知っている兄嫁、いとこ、小学校の同級生、あるいは男性老人に対して夫などと勘違いしていったりする（既知化）。これはなじ

　３）室伏君士「特集　高齢者の介護　痴呆性高齢者の心理―その理解と対応―」『心と社会』No.98、
　　　30巻４号（日本精神衛生会、1999年）

みの心（親近感や同類感）で結ばれていて、安心・安住がもたらされている。"なじみの人間関係"の意義は、これによって異常行動や精神症状が消退すること（たとえば悪い動きの徘徊は、なじみの仲間との散歩という良い動きに変わる）、またなによりも感情や意欲面が活発化してきて、生き生きと楽しげに暮らしていくことである。

　特になじみの関係の自然の姿で最短距離の者は、いうまでもなく通常は家族で、それは老人が最も生きよい相手なのである。このなじみの人間関係は、実は在宅介護や地域ケアの基盤となっている。」

　この文章は、やや古くそして重度の認知症患者に偏っているという印象もある。けれども筆者は、軽度認知障害の方が集うデイケアの経験から、基本的には、軽度の認知症またその前駆状態であっても基本は同じという印象を持っている。そして軽度の場合は次の2点が特に大切だと考える。まず認知症があっても前向きに生きている人に会い、その後ろ姿について行くこと。次に同じ状態にある人が集うことで生まれる場の力、集団の絆から元気を得ることである。

　いずれにせよコロナによりある程度以上に制限される生活状況において、認知症の当事者にとってなじみの関係は不可欠だと思われる。

(2) 家庭

　コロナの問題は、高齢者全般に関わるものである。けれども認知症の高齢者には特有の問題がある。それはテレビなどの報道を見てこれが恐ろしい感染症だとその瞬間はわかっても、コロナ禍全体が把握できないことである。致死性が高い感染症と言われても、自分を守る、咳エチケットを守るといった現実的な行動がとれない。たとえばマスクをすぐに外してしまう、人前で咳をしても平気である。また素手でどこでも触ってしまう。ご家族からいくら注意されても改めることは難しい。また失敗しても沁みない。あるいは強制と受けとめ怒りを炸裂させてしまうこともある。

このように感染症予防の基本がそもそも簡単ではない、まして対応策は容易でない。しかしたとえば、外出に際してご家族がマスクを装着させた上で、マスクをつけた周囲の人々を指して「怖いばい菌にやられないよう、今は誰でもやるの」などと常識として諭すご家族がある。要は、個人に対する否定や命令でなく「今時はこうするものよ」という一般化した言い方が望ましいことになる。

感染から自身や社会を守る自粛とは、結局は行動制限だから認知症の当事者にとっては息が詰まり、愉快なものでない。そこで、ご家族には、気分転換を計画的にはかることが大切である。たとえば、人のいない早朝や夕方の時間帯に公園に出かける、女性なら開店間もないデパートを歩いてみるのもいい。また休日、人の少ない時間帯に電車に乗り1時間以内の小旅行をしてみるのもおもしろい。さらにはお孫さんとお子さん、それに老夫婦が庭園に集って季節の美しさを楽しみながらのお弁当会も良さそうだ。月に1度の通院は電車利用をやめて、家族数人のドライブにすることが、まさに望外の喜びになることもある。このような非日常的な経験は、たとえ認知症があっても、多くの人が小さな生きがいを楽しめ、効果的な息抜きになる。

2. 予防

爆発的感染を意味するパンデミックという医学術語がすでに世界中に広まっている。そしてこのコロナ禍が続くことで認知症パンデミックという言葉も聞かれるようになった。それだけに認知症予防が重要と考えられるのだが、これがそう簡単ではない。というのは、そもそも認知症予防のエビデンスは乏しいと言われてきた。また心筋梗塞など一刻を争う疾患ではない認知症の予防や治療となると、コロナ禍では不要不急と言われかねない。さらに認知症予備軍は2020年現在500万人を超えていると思われ、予備軍こそ危険因子対策の努力が不可欠である。ところが認知症の危険因子の代表である運動、ロコモやフレイル、糖尿病・高血

圧、肥満などがいずれも自粛など生活不活発と強く関わることは言うまでもない。それだけにコロナ禍で自粛が続くと、数年後には認知症パンデミックというのもあながち誇張ではない。

(1) これまでの認知症予防

　そもそも認知症予防がこれまで一般社会において広く受け入れられやすいものであったかどうかは疑問である。われわれにとって認知症予防は今更とも思えるが、これが世間ですでに浸透したとは思いにくい。

　認知症予防という概念は、1990年頃には流布し始めたと思われ、全国的には介護保険事業が重要な役割を果たしたと考えられる。2006年の介護保険法改正によって、要支援・要介護状態になる以前の介護予防が推進されることになった。そこで高齢者人口のおおむね5％と見積もられた要支援・要介護状態になる危険性の高い者を特定高齢者とし、全国一斉に介護予防事業がスタートした。実は軽度認知障害（MCI）の者もこの対象に少なからず含まれると思われる。以上のように、公的な事業だけでも14年以上にわたる2次予防の歴史があるのにもかかわらず、これがあまり広まらない原因は以下であろうと考えている。

表1. 認知症予防が広まらない原因

・認知症予防を強調すれば高齢者の多くは嫌悪感を抱く
・予防の効果が疑わしい
・参加者が多様な予防介入法の中から好みを選択できない
・既存の介入活動法はおもしろくないから取り組めず、長続きもしない
・活動を継続する後押しがないから三日坊主になりやすい

　近年、マスコミで報道されるように、高齢者は癌以上に認知症になりたくないと考えている。それだけに加齢とともに認知症発症の危険率が増加するなどという認知症に関する情報は聞きたくないという本音がある。だから声高に「認知症予防」と言うほどに目を背けられても無理はない。また2019年に「認知症施策推進大綱」が制定される際に出たよう

に、「うちの夫はあれほど予防に頑張ったのに…」など認知症予防にいかほどの効果があるのか、という疑問視は根強い。さらに介護予防事業などで運動などのメニューを提供しても、その種類が少ないだけに高齢者には押し付けられ感が生じる。そしてこれらが人気を博することは稀だから継続する者が少ないのも当然である。

もっと重要なのは、予防活動を習慣化・継続するための応援である。応援とは、ほめることであり励ましである。このことがもつ重要性の認識や具体策の開発が十分だったと言えない。

いずれにしても、従来の認知症予防と言われるものが、高齢者のニーズに合っていなかったことが、これが普及しなかった原因ではなかろうか。そしてこうした原因に基づいて、これからなすべき対応を表2のように考えている。

表2．認知症予防の基本的な考え方

・リーズナブルな予防の目標設定が必要
・人生後半の充実を前景に打ち出すこと
・多彩な介入方法の開発
・身体的な認知症の危険因子への注目
・予防活動の継続を後押しするチアの育成

ここでいうリーズナブルな目標とは、認知症に絶対ならないということではない。筆者は、「天寿を迎えるときに、多少の認知症がある」のなら目標達成と考えている。また運動や脳トレなどの予防は、日本の認知症の8割を占める80歳以上の認知症に有効なものと考えて行うべきである。さらに何より、医療・福祉関係者によって、本当に有効性のエビデンスがある介入法を開発することが必要である。

一方で糖尿病や高血圧が認知症発症に及ぼす影響はかねてから指摘されてきた。最近では難聴やロコモ、フレイルなど危険因子の重要性が強調される。認知症予防と直接に訴えかけるのではなく、こうした危険因子を確実に改善してくことによって予防につなげる方向性の方が現実的

と思われる。

　ところで数年前に歌謡曲の振り付け専門家から「認知症やアルツハイマー病予防」などの言葉を使うなとたしなめられたことがある。つまり「高齢になれば、こうしたことを考えたくないのに、あなた方は声高にその予防を叫ぶ」というものである。そこで彼は、「人生をカッコよく」くらいは言うべきだと加えた。そこで筆者は、認知症講演の冒頭などで「人生をカッコよく」と切り出すことがある。カッコイイためには知的にも身体的にも優れ、生きがいがあること、と述べる。そのためにたとえば、聴力が良い、颯爽と歩ける、社会との接点が多いことなどが不可欠だと加える。つまり認知機能そのものを上げようと直接に訴えるのではなく、間接的に外堀を埋めていき、その結果として認知機能が改善する方向へと誘いたいのである。

　これまで注目されていたとは言えないが、予防活動で何より大切なことは、チアすなわち継続を応援するためのインストラクターであろう。まずインストラクターは、対象となる高齢者が失いがちな社会性の回復を目指して、その心に訴えかけるという考え方に立ちたい。そこではほめや励ましが相手の胸に響くための視点や表現法を系統的に習得する必要がある。

　わが国の介護予防のキーワードが「通いの場」であるように、予防における社会性の要素は見逃せない。ヒトにおけるミラーニューロンの発見など、脳科学において「社会脳」という観点が注目されている。これは、ポジティブな人間関係こそ脳の健康に必要であり、それを維持することが認知症に進み難くするという考え方につながる。平たく言えば「社会脳」とは人の心がわかる能力である。また記憶や注意などの認知機能は「社会脳」の基礎に位置づけられるという考え方もある。それだけに社会交流が少ないと認知症のリスクが増すという知見もうなずける。

(2) コロナ時代の認知症予防

　上に述べた「通いの場」に沿った社会交流は、コロナの時代がもたらした3密対策により方向修正を求められている。基本であった集合型を基本とする予防活動はかなり困難になってしまった。そこでハイブリッド、すなわち集合型と個別活動（インターネットやTV）の組み合わせがポイントだとされるようになった。集合型に代表される従来の介入方法から、新たな介入方法・環境を組み合わせたハイブリッド方式を構築することが不可欠になる。基本的にはある程度の集団でやるものと個別でやるものとがある（図）。

　こうした状況下、厚生労働省は、コロナ禍の最中2020年9月にも、Web上の「通いの場」を開設している[4]。そこでは「新型コロナウイルス感染症の感染拡大防止を図りつつ、居宅においても健康を維持する

図. 認知症予防の多様性 (ハイブリッド)

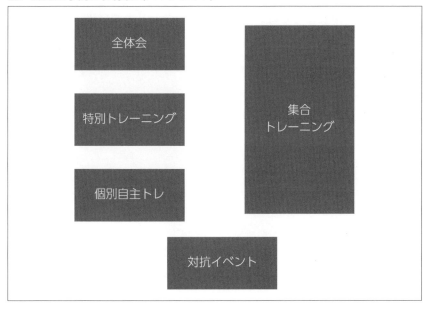

4）厚生労働省「地域がいきいき　集まろう！通いの場」　https://kayoinoba.mhlw.go.jp/

ため、そして安心して通いの場の活動を再開するために必要な情報を発信する特設 Web サイトを公開しました。この Web 上の「通いの場」に集まって、ココロもカラダも健康になりましょう。」と述べられている。

　Web によって健康づくりがどこまで実現可能なのかはさておき、人と人との交流の重要性が強調される現状からは、通いの場に変わる社会交流の具体策が求められる。やはり基本はインターネットである。時あたかもわが国にデジタル庁が開設されようとしている。具体的手段にはパソコンやタブレット、またスマートフォンがある。もっとも問題はIT リテラシーが低いと言われ、しかも認知症予防が必要な年齢層において、どうしたらIT 機器を使えるようになってもらえるかという方法の開発と普及である。また注目されるのはすでにその世帯普及率が50％を超えているとされるケーブル TV である[5]。特に高齢者においてはケーブルテレビの利用者が多いとされる。

　こうしたところを端緒として、3密を避けつつ予防介入を実施する方法と環境が今後しばらくは必須になるだろう。そこでは単にオンラインの利用という単純な発想では通用しない。そこでキーとなるのは、「双方向性」である。基本的に技術の問題ではあるが、参加者同士がまた参加者とインストラクターとの間などに一体感をどうつくっていくか？ここが実現しないと「仏作って魂入れず」になりかねない。

5）総務省「ケーブルテレビの現状」　www.soumu.go.jp/main_content/000504511.pdf

第3章
高齢者ケアの現場から

1 認知症の医療的地域ケア　外来診療の現場の課題

須貝佑一（浴風会病院精神科医）

はじめに

　2025年問題が浮上し始めたとたんに、日本全体がCOVID-19（新型コロナウイルス感染症）の対応で四苦八苦し始めた。経済的打撃はもちろんだが、医療現場にとってはその影響の濃淡はあっても未曽有の事態に直面している。比較的影響の少ないはずの認知症の診療現場でも受診控えや電話での再診の増加が目に見えて増えている。特に超高齢者層の受診控えが顕著である。面接時に認知症患者はマスクをすぐ外す。危機がわかっていない。付き添いの介護者はその都度マスク装着を介助する。そのくり返しで毎日の診療が続く。この異常事態は、流行が沈静化すると期待される1〜2年後まで続くであろう。こうしたアクシデントはあっても2025年にはいわゆる団塊の世代が全員75歳を通過する。日本の認知症の有病率からみて、この世代が認知症化すると思われるピークはさらにその5年後、すなわち2030年頃にやってくるだろう。現在、2025年を少子高齢化の象徴時期とみなして医療と福祉でさまざまな対応を迫られているが、認知症の診療の観点と疫学調査からみればその先の2030年問題が深刻といえそうな様相である。ポストコロナを見据えて、2030年までに解決すべき認知症診療現場の課題を考えてみたい。

1. 認知症外来患者の年齢層の変化

　この数年間でみられる認知症外来での特徴は、早期から物忘れがひどい、認知症かどうか見て欲しい、というニーズが前期高齢期を起点に増えていることと認知症の有病率がピークに近くなる85〜89歳代が相変わ

らず診療の中核を占めている、2点であろう。そのことを11月を例に認知症外来受診者のこの5年間の受診年齢の推移をみてみるとわかりやすい（図1）。5年前までは、85〜89歳までの高齢者を中心に90歳代、80〜84歳代の受診者が多くを占めた。平均年齢は86.4歳だった。ところがコロナ禍の2020年11月では、90歳以上の受診者が激減する一方で、85〜89歳までの受診者の割合は相変わらず中核を占めつつ5年前には少なかった75歳以上の後期高齢者の受診割合が増えている。この結果、平均年齢は82.3歳となっている。この傾向は11月に限らず、4月、5月でも同様の傾向を示した。コロナ禍による超高齢者群の受診控えも影響している可能性はあるが、75歳〜79歳までの後期高齢者群の受診割合の増加は特筆すべき現象である。2025年に団塊の世代が全員75歳を通過する時点から認知症外来はこの世代を包含しつつ、認知症発症のピーク世代の85歳〜89歳の増加にも対応していかねばならない。

図1．認知症外来受診者の年齢分布の変化（浴風会病院）　2015年11月と2020年11月の比較

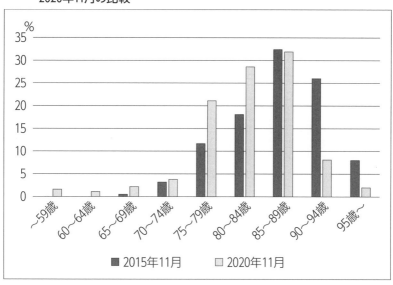

2. 急がれる軽度認知障害への対策

　認知症に関する知識が一般に行き渡るにつれて、自分は認知症ではないか、あるいは家族がみて認知症ではと心配して受診する高齢者が増えていることは先に触れた。といってもその年齢幅は広く50歳代から90歳代まで及ぶ。物忘れを自覚しての受診では多くは認知症の診断には至らない。日常生活は普通でCDR 0.5に相当するいわゆる軽度認知障害（MCI）と呼べる人たちが多くを占める。実地の臨床現場での判断目安はMMSEでは29点から26点くらいまで、HDS-Rでは29点から23点くらいまでが、正常とは言えないが、認知症という診断には至らないグレーゾーンだ。頭部MRIなどの画像でも病的所見は乏しいことが多い。MCIについてはこれまでも多くの研究がなされており、より詳細に臨床的な分類が提唱されている。大きく分けて記憶障害のみの群と記憶障害以外の認知機能低下群の2群があり、さらにそれぞれの群にいくつかの認知機能の低下が加わっているかどうかで2群分けした4つの類型があるとされる。しかし、そのように細分化されていても、MCIの臨床的診断はなお曖昧で、さまざまな様態を包含した概念であることは確かだ。

　MCIが問題なのはMCIと言われているうちにこの中から高い割合で認知症に移行する人がいるからである。その割合は、調査研究によってばらつきはあるが、年間10〜15％程度とみられる。5年で約半数が認知症化する。多くはアルツハイマー型認知症である。それゆえに早期にMCIを把握し、認知症化への進行を防止することが求められている。厚生労働省の策定した新オレンジプランでも発症予防が第1ステージに位置づけられているほどだ。ただ、現在、認知症外来でMCIと診断したケースについては、いまだに特別な治療法は確立していない。アルツハイマー型認知症の治療薬として頻繁に使われているアセチルコリン分解酵素阻害薬（ドネペジル、ガランタミン、リバスチグミン）の投与が

これまでにも試みられているが、MCIの認知症化を予防できたとするデータは得られていない。

　MCIから認知症への進行をある程度遅らせるとして推奨されているのが、継続可能な有酸素運動への取組みと、社会的なコミュニケーションの維持、である。いくつかの介入研究からも支持的データが得られている。このようなことから新オレンジプランでも、住民主体のサロンや体操教室など地域に応じた取組みを謳っている。しかし、実際の医療現場でMCIと診断できたとしても、「運動しなさい」「食事はカロリーの取り過ぎに注意して野菜、魚を中心に」と忠告できる程度で、具体的に地域の取組みにつなげるということはまずない。実際には自治体によっては、体操教室や転倒予防教室などさまざまな取組みが行われてはいるが、広報で知らせがある程度で、診療現場ではどこにそのような取組みがあるのかさえわからない。介護保険の対象とはならない人が多く、自治体と診療現場との連携もあるわけではない。今のところただ経過を追い、認知症化が予測でき始めた段階で抗認知症薬を使い始めるというのがどの医療機関でも実情であろう。

　しかし、MCIについては悲観的見方ばかりはしていられない。MCIと診断されても5～6年経過しても認知症化しないケースも多数混じり込む。中にはほぼ正常状態に持ち上がる人もいることは確かだ。リバーターと言う。調査によってまちまちだが、MCIの約40％程度と見込まれる。特別なことをしなくても自然の経過で、である。さらに年齢も関係する。仮に85歳の人がMCIだったとして平均3～5年で認知症化する。するとこの人は88～90歳で軽度の認知症状態に至る。体が丈夫なら2～3年は軽度の認知症状態は続く。年齢では90～93歳ということだ。このような状態では生理的老化と大差はない。85歳以上のMCIは平均余命から考えて精神状態さえ安定していれば経過観察で済む場合が多いのである。残る問題は75歳からの団塊の世代中心のMCIだということでもある。

3. 発症前診断への備え

　これまでは MCI から認知症への移行を事前に予測することはできなかった。アルツハイマー型認知症の臨床診断もあくまで認知症に至った段階で、頭部 MRI の所見や脳血流、脳代謝状態を加味しながら診断してきた。あくまでも臨床的診断である。アルツハイマー型認知症と確定診断できるのは病理所見で脳内に色素で赤っぽく染まる老人斑というシミ状の斑点と神経原繊維変化と呼ぶ毛糸の縮れたような形の構造物が多数存在して神経細胞が変性脱落した病理変化を認めた時である。今日では老人斑はアミロイド β タンパクという物質からなり、神経原繊維変化はタウと呼ばれるタンパク質の塊であることが突き止められている。この 2 つの異常なタンパク質が多数蓄積して神経細胞が変性脱落する結果アルツハイマー型認知症が発症し、進行すると考えられるようになった。アミロイド仮説である。年齢別の老人斑の分布や数、神経細胞の脱落の状態などから、このアルツハイマー型認知症の原因物質の蓄積は、認知症が発症する以前、MCI になるもっと以前から蓄積が始まっているという推測がなされていた。計算上は発症から約20年は遡ると考えられてはいた。最近ではこの推測がほぼ正しいことが証明されつつある。それは、アルツハイマー型認知症の原因物質とされるアミロイド β タンパクとタウタンパクの脳内蓄積をリアルタイムで画像化できるポジトロン CT（PET）技術ができたからである。先行しているのはアミロイド β タンパクを画像化する技術である。アミロイド PET と呼ばれ、実用化されている。これを使えば、無症状の人の中から β タンパクをみつけ、将来アルツハイマー型認知症に至る人を予測できることになる。MCI の人の中ではアルツハイマー化する人を識別できることになる。画期的な技術である。問題は、今無症状な人で、アミロイド PET 陽性だったとすると、どのように対処したら良いかだ。ちょうど MCI の人への対応と同じような問題に直面する。10年とか、20年先に認知症化す

ることを告げられてもどうしようもないことだ。治療法が未確定のま
ま、発症前診断を告げるのは残酷である。

　この発症前診断技術とセットとなって進められているのが、アミロイ
ドβタンパクの蓄積を止め、脳内から駆逐するアミロイドβタンパクに
対する抗体の開発である。先進各国、製薬会社ごとに激しい開発競争が
繰り広げられてきた。その中でも有力視されてきたのがアミロイドβタ
ンパクに対するモノクローナル抗体の製薬化である。この分野で先行し
ていたエーザイ、バイオジェン社共同開発の「アデュカヌマブ」という
治療薬（ワクチン）が2020年11月に世界に先駆けて米国食品医薬品局
（FDA）に承認申請された。結果は効果不十分で却下されたばかりだ。
その他にもまだ多くの抗アミロイドβタンパク製剤が開発段階で控えて
いるが、まだ成果が出ていない。このような治療薬の状況下で、発症前
診断は事実上できない。その備えもいまだ十分ではない。

　今のところアミロイドPETを有効活用するとすれば、認知症の鑑別
診断への応用である。単純なMCIなのか、すでにアルツハイマー型認
知症の前段階なのかの鑑別、アルツハイマー型認知症なのかその他の認
知症なのかの鑑別にはきわめて有効である。実際にいくつかの施設では
鑑別診断に使われている。それにしても、アミロイドPETにはサイク
ロトロンを装備したポジトロン画像装置が必要である。MRIやX線CT
装置とは桁違いに値段が違う。それも大都市に限られている。発症前診
断という画期的な段階が見えてきてはいるが、一般の認知症の臨床現場
への浸透はなお先のこととなろう。

4. PARTと複合病変の存在を意識した診療

　認知症外来の対象となる中核群は90歳以上を包含した85〜89歳までの
超高齢者群であることは先述した。発症率、有病率のピークもここにあ
る。臨床診断でみるとこの年齢層の認知症の多くはアルツハイマー型認
知症か血管性認知症、レビー小体型認知症で占められている。高齢者全

体ではアルツハイマー型認知症が67.6％、血管性19.5％、レビー小体型4.3％と言う厚生労働省の調査もある[1]。日常診療で鑑別する事例と大きな相違はない印象だ。血管性認知症にしてもアルツハイマー型変化を合併していることが多いので高齢者の認知症は大部分がアルツハイマー型認知症とみなしても大きな間違いは生じないはずだった。

　しかし、5〜6年診療を続け、アルツハイマー型認知症と診断していても、いっこうに認知レベルが低下しないケースも少なからず存在する。特に90歳前後の超高齢者に多い。自験例では図2のように物忘れを訴えていた86歳女性で初診時 MMSE19点だったものが、20点レベルを上下しながら91歳に至ってもなお MMSE は19とほとんど進行をみないのだ。なお、簡単な生活周りは自立できている。自験例に限らずこのような事例が、特に超高齢者でみられることが多いことから、その脳内の病理所見に以前から関心が持たれていた。この観点で生理的老化と区別しがたい認知症の高齢者の脳の状態をみると、アルツハイマー型認知症の脳にみられる神経原繊維変化は確かにあるものの老人斑が見つからない例がよくある。その病変部位もアルツハイマー型認知症と重なっている。これまでは神経原繊維型認知症（NFT 認知症）という呼び方で注目されていた。以前はまれだとみられていた。しかし、このような老人斑がなく、神経繊維変化だけが目立つ病理変化は認知症に限らず、正常高齢者からも多数見つかるようになっている。その臨床的特徴は、認知症はあっても軽く、進行が目立たないことである。つまりは生理的老化に近い。Cray[2]らは正常高齢者から神経原繊維型認知症の人までも含め、老人斑（−）神経原線維変化（＋）を示す人たちを PART（Primary age-related tauopathy：原発性年齢関連性タウタンパク症）と呼ぶことを提唱した。アルツハイマー型認知症と明確に区別するためにである。

1）厚生労働省「都市部における認知症有病率と認知症の生活機能障害への対応：認知症施策の総合的な推進について（参考資料）」（令和元年6月20日、厚生労働省老健局）
2）Cray JF et al: Primary age-related tauopathy（PART）: a common pathology associated with human aging. Acta Nuropathologica, 2014; 128（6）: 755-766

図2．PARTと考えられる86歳女性のMMSE経過（自験例）

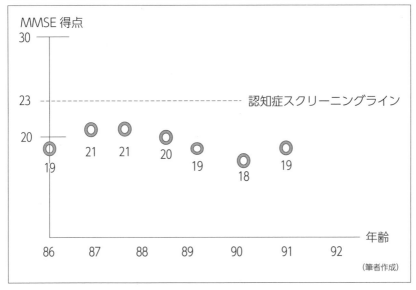

(筆者作成)

　この4、5年の研究で、PARTと呼べるのは80歳以上の認知症高齢者の連続剖検例では約20％、残りの80％ではレビー小体型認知症や血管性認知症、その他が含まれる[3]。図3で見るとアルツハイマー型は超高齢になると認知症全体の中の割合がむしろ減少する。アルツハイマー型認知症病変の中核となる老人斑（アミロイドβタンパク）はその多寡は別として他のさまざまな認知症疾患に複合するようになる。レビー小体型認知症ではアミロイドβタンパクの蓄積が約80％の症例でみられることはよく知られている。このような状況を目の当たりにすると、日常診療で普通にみているアルツハイマー型認知症も何かが複合しているのではないか、アルツハイマー型認知症ではなく、PARTではないか、といった視点で絶えず見直しを迫られることになる。ただ、漫然と抗認知症薬を投与する風潮にはブレーキをかける必要があろう。さらには先進

3）Nelson PT et al: "New Old Pathologies" AD, PART, and Cerebral Age-related TDP43 With Sclelosis（CARTS）. J Neuropathol Exp, 2016; 75（6）; 482-98

図3．認知症を起こす各種病理の有病率

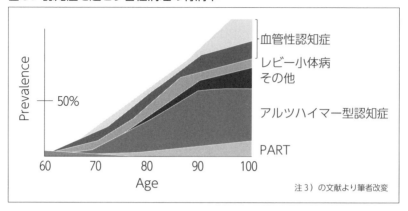

注3）の文献より筆者改変

の画像診断機器を動員して臨床診断にたどりついたとしても実は後で病理学的に検討された例をみると誤診であったということも相当程度混じることがわかっている[4]。高齢者の認知症の経過を長く追っていると、単に認知レベルが下がり、できていたことができなくなっていくといった進行ばかりではなく、いつのまにかパーキンソン症状が顕著になっていたり、幻視や幻覚症が出没するようになって別な病気と気づくこともある。高齢者の認知症でこのような経験は1人の認知症患者さんを5年、10年と長く追い続けなければ得られない。どんなに診断機器が発達しても患者さんとの長い伴走で臨床症状をきちんとみていくことが臨床診断の確からしさを向上させていくことの重要なポイントであることに変わりはない。

5. 認知症の重度化と地域ケア

認知症の経過は、その基礎疾患と初診時のステージ、年齢によって多様である。最も一般的なアルツハイマー型認知症についてみれば、症状が現われてから重度化までは7～8年と言われている。レビー小体型認

4）Brunnstrom H et al: Clinicopathological concordance in dementia diagnosis. Am J Geriatr Psychiatry, 2002; 17(8): 664-6670

知症ではそれより早いケースが多い。どのような認知症疾患であれ、重い合併症やその他の身体的侵襲が加わらなければ、年余のうちに重度化してくことは避けられない。MMSEでみれば9点未満のレベルといえよう。さらにその最終局面では認知レベルの低下に加えて歩行が困難となり、嚥下も不良になって、水分摂取や栄養の確保が難しくなっていく。介護保険では要介護4から5の段階である。こうなってまで外来を受診してくるケースは比較的稀である。多くは、重度化の手前で、介護者の負担が重くなって本人は施設介護に移っているか、在宅では訪問診療に切り替わっている。

　認知症の重度化に伴う困難は、日常生活での介護の手間暇にかかる時間が増えるばかりでなく、易怒、興奮性や介護抵抗、暴言、暴力、昼夜逆転といったいわゆるBPSD（認知症に伴う行動、心理症状）に振り回されることも増える。精神科を標榜する認知症外来では、初診時からこうしたBPSDを呈した患者さんをみる機会も少なくない。その場合は、通常の認知症の鑑別診断を続けながらBPSDの背景になっている要因を探り、当面の対症療法を組み立てる。認知症疾患のガイドライン[5]では非薬物療法で適切な対応を推奨してはいるが、介護者にはさらなる忍耐を強いる結果ともなりかねない。外来では全身状態をみながら、少量の抗精神病薬を投与して経過を観ていくことが多い。その間、本人と介護者の支援がどうしても必要になる。そこが、非薬物療法の中心だという視点が必要である。患者さんには介護者以外の専門家が対応し、介護者には適切な援助を差し伸べる。抽象的に言えば、地域ケアを併用することだ。具体的には、訪問看護師やケアマネジャーが足繁く訪問し、顔なじみとなって本人の話を傾聴するとともに薬の服用状態をチェック、別途介護者には、困りごとを聞く、ということをくり返し、次の外来診療に繋いでいくというスタンスが第一選択である。嫉妬妄想や易怒、興

5）認知症に対するかかりつけ医の向精神薬使用の適正化に関する調査研究班「かかりつけ医のためのBPSDに対応する向精神薬使用ガイドライン（第2版）」

奮性はこうした外来診療の継続で治まることも少なくない。

　しかし、BPSD には一筋縄ではどうにもならないケースも混じりこむ。幻覚、妄想状態が激しく、薬を拒否して治療に結びつかないケースや介護者自身の病弱やネグレクト、能力不足でやはり治療に結びつかないケースなどである。各自治体で派遣する認知症初期集中支援チームでもこうした事例には対処に難渋する。近隣住民への迷惑行為が突出していたり、介護者への危害のおそれがあるなど緊急を要する場合には老年期の精神障害を扱っている精神病院での入院加療を早く決断することも大切である。その受け皿となる精神病院についても認知症の専門的対応のできるスタッフの養成や設備の向上に対して自治体の支援が欠かせない。精神病院を地域ケアの外に追いやっては認知症対策は失敗する。あくまでも BPSD への対症療法であるが、外来診療では困難な薬物療法や非薬物療法とも入院加療で十分行き渡る。こうして BPSD が落ち着けば、介護施設への移行も円滑だし、在宅療養さえ持続が可能である。精神病院もまた地域ケアの一角に組み入れながら認知症の重度化を乗り切っていくことが求められている。

6.　コロナ禍での認知症診療

　コロナ感染症の広がりで認知症の診療現場でもさまざまな影響を受けている。感染リスクを避けるための「三密の回避」や「ソーシャルディスタンス」「不要不急の外出自粛」といった人と人との接触の回避を社会全体が指向する結果、認知症の人たちの診療控えがじわじわと増えてきているようにみえる。それを補うように厚生労働省は電話だけでの再診も診療点数に算入して良いことになった。リスクのある対面診察をしなくて済むため便利ではある。しかし、実際に電話に出てくるのは介護家族で、本人のことは少ない。対話時間もわずかで、結局はこれまでの処方をかかりつけ薬局にファックスするだけの作業に終わっている。長く症状が安定している場合はこれで良い。しかし、症状の変動や BPSD

で困っているケースでは役に立たない。無論、認知症かどうかを見て欲しいというニーズにも応えられないでいる。やはり、十分な感染予防をしながらの受診となるが、認知症の人の場合、マスクさえも意味がわからず、取り外してしまうことがよくある。大勢の患者が待つ病院待合室ではこの対応にも工夫がいる。認知症診療で欠かせない神経心理テストでは、心理士が対面で10〜15分密室で対話する。これも避けたいところではあるが、先進のAIを使っても難しい。

　筆者が共同研究者として参加していた「認知症の人の音声特徴から認知症の程度を判定する音声認識人工知能の開発」も、マスクをしたままでの診療では音声を採取できず、中断に追い込まれた。

　認知症診療で問題なのは、こうした感染リスク回避のための直接的影響ばかりでなく、家庭内でのステイホームや通っていたデイサービスなどの介護サービスが中止に追い込まれた結果生じている認知症状への影響であろう。活気のない認知症の人はより活気に乏しくなり、認知レベルの低下が比較的安定していたケースではこの1年の低下が顕著になったなどよく経験する。マスクもつけずに徘徊、迷子に至っては重大事件になってしまう。認知症の人への「ステイホーム」はこれまでのわれわれの努力を水泡に帰してしまうおそれさえある。

　従来の介護サービスを続けたいと希望する認知症の本人、介護家族の願いをかなえるように受け皿の整備が急がれる。ワクチンが実用化に向かっている現在、優先とされている基礎疾患のある高齢者の中には当然のこととして認知症も入れておくべきである。そうであれば、ポストコロナの時代、安心して認知症診療が続けられる環境ができあがる。

2 市民が主体的に取り組む高齢者ケア

逢坂伸子（大東市保健医療部高齢介護室課長）

はじめに

　大東市は大阪府の東部にあり、西隣に大阪市、東隣に奈良県生駒市が隣接したベッドタウンである。市の面積は18.27km²で、1/3が山間部となっている。人口119,681人、65歳以上が32,568人、高齢化率は27.21％（令和2年9月末現在）の都市である。

　平成25年度に、それまで3つの課に分かれていた高齢者部門を一元化し、大東市の高齢者対策＝地域包括ケアシステムを構築する課として高齢支援課が新設され、その後、平成30年度には介護保険担当課とも併合した高齢介護室が誕生した。この高齢介護室は介護保険担当グループ、介護計画と施設、事業所指定、指導担当グループと地域包括支援センターや介護予防・日常生活支援総合事業担当グループの3つのグループ（課）により構成されている。

　今回は高齢支援グループと地域包括支援センターの活動について紹介する。高齢支援グループは理学療法士2名（内1名は課長）、社会福祉士1名、保健師1名、事務職4名の計8名が配置されている。高齢支援グループの業務は地域包括支援センターの管理をはじめ、日常生活支援総合事業、認知症対策、地域ケア会議、医療介護連携、生活体制整備事業など、地域支援事業がメインとなっており、まさに地域包括ケアの主担グループとなっている。その他、高齢者の見守り体制づくりや老人クラブ、養護老人ホームの入所判定やシルバーハウジングの見守り支援員業務等の高齢者一般施策を担当している。

1. 大東市における市民主体の介護予防の展開

(1) 市民主体の通いの場「大東元気でまっせ体操」の取組み

　本市では、市民の意識を変えながら地域ぐるみで介護予防を推進していく目的で、平成17年度に虚弱な高齢者も参加できるオリジナル健康体操である「大東元気でまっせ体操」の普及を開始し、令和2年1月現在では125団体、約2,450名の高齢者を中心とした住民が週1〜2回活動している（写真）。

　市民の自主的な運営で行われているのは「体操の継続」に重点を置いている本市の方針が背景にある。「負荷のかかる運動を週に1〜2回程度続けることで高齢者の筋肉は持続・向上する」という考えのもと、いかに市職員や地域包括支援センターが直接的に関わらなくても体操が継続されるかという点に重心をおいた仕組みをさまざまな視点から考えてきた。

　市民が主体となって継続できる仕組みの1つとして、年に1度、全てのグループが集まり交流できる場となる「元気でまっせ交流会」を実施。5年継続グループ、10年継続グループに市長表彰を行うなどモチ

「大東元気でまっせ体操」の様子

年に一度の「元気でまっせ交流会」の様子

ベーションを向上させ、体操の継続維持につなげている。また、90歳以上の参加者にも市長表彰し、グループで虚弱な高齢者を支えていく意識づくりや、元気な高齢者であり続ける価値を感じていただく機会としている（写真）。

　各グループには年2回運動指導員を派遣し体力測定を実施、年1回歯科衛生士を派遣し口腔機能評価を実施している。また、評価の結果をもとに運動指導員や歯科衛生士、栄養士が年1回程度、運動負荷量の確認や認知症予防、誤嚥性肺炎予防や高齢者が元気になるために必要な栄養についてなど、介護予防に必要な講話や実技指導を提供している。その他、グループの活動に不具合が生じた時や参加者のことで心配があれば随時、市のリハビリテーション専門職や地域包括支援センターが支援に入っている（図1）。

　本市では介護予防サポーターの養成は行っていない。今の地域には元気な若い高齢者があふれている。特に介護予防サポーターを養成しなくても、体操の会場で元気な高齢者はみんなサポーターの役割を担えているからである。介護予防サポーター養成講座は行わないが、各グループ

図1. 体操実施グループの立ち上げ支援と継続

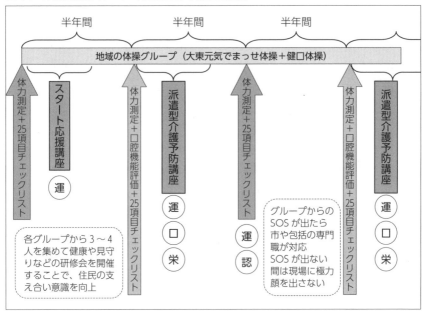

から元気な高齢者数人に出てきてもらい、健康講座や体操のおさらい、高齢者にとって必要な情報を提供している。話を聞いた元気な高齢者たちは配布された資料とともに数人で協力してグループに伝えてくれている。この手法により、市や地域包括支援センターの専門職が各グループに足を運ばなくても、健康情報、互助の意識は十分に醸成できている。市や地域包括支援センターの専門職は定期的にグループを訪れるのではなく、運営の困りごとに随時対応する。多くのグループの支援をいかに効率的、効果的に行うのか、グループがもっと増えているはずの将来も支援を継続するために常に念頭においている。

(2) 通いの場が支え合いの場へ

まちの財政面、住民の体力面だけでなく「地域づくり」という視点においても、これまで支えられる側であった高齢者が、体操により体力を

取り戻し地域活動に貢献し支える側にまわることで、生きがいや自信につながっている。

また事業実施前に比べ地域住民同士の交流が活発となり、元気な高齢者と虚弱な高齢者が交流することで、自然な形での生活支援や見守りの目が育っており、認知症予防や閉じこもり予防につながっている。

本事業の主体はあくまでも市民であり、週1回の体操に留まることなく、活動回数が増え、活動の幅がどんどん広がっていっている。

たとえば、体操の後に小学生の下校時の見守隊を体操グループで担うなど、体操と地域活動とが連動してきているだけでなく、従来から見守り隊を担っていた元気な高齢者の方が、一緒に体操をしている手押し車や杖を使っている虚弱な高齢者の方を見守り隊に誘い、参加につなげている。それまで立ったままで行っていた見守り隊の活動に虚弱高齢者だけが座っていると気を遣わせることになるので、「いっそのことみんなで座ってやろう」と元気な高齢者もみんな椅子に座って活動することになった。

見守り隊の活動では下校時の小学生と顔見知りになる。下校時の見守りは働く親には時間的に無理があり、大変ありがたい活動であるため、休日に近所で小学生と親が一緒にいるところに出くわすと、親たちから感謝の言葉が出てくる。閉じこもりがちで孤独な生活を送っていた虚弱な高齢者が「大東元気でまっせ体操」に参加したことをきっかけに地域の他世代から感謝される存在になっている。元気な高齢者と虚弱な高齢者が一緒になって地域活動に参加すると、このような化学変化が起こる。残念ながら虚弱な高齢者ばかりのデイサービスや元気な高齢者ばかりの団体では、この化学変化は起こりえない。

地域活動に参画する敷居を下げる工夫により、体操に参加していない虚弱な高齢者にも良い変化が起こっている。足腰が弱ってしまっているから見守り隊への協力を諦めていた虚弱な高齢者たちも、座ったままの見守り隊の活動に参加できるようになっている。

このように、従来であれば元気な高齢者しか参加していなかった地域活動に虚弱な高齢者でも参画しやすくなることで、虚弱な高齢者にも地域活動への門戸が開かれるなど、体操が広がると同時に地域での活動も増えている。これら体操と地域活動との相乗効果により元気な高齢者が増え、市民のパワーによる活動の広がりが結果として表れている。

2. 市民による生活支援体制づくり

(1) 支え合いをまち全体に拡張

本市では、「大東元気でまっせ体操」の活動の波及効果で自然発生的に始まった市民主体の生活支援を体操に参加していない人でも受けられるように生活サポート事業を平成26年度に立ち上げた（図2）。地域で困っている高齢者に生活サポーターに登録した市民ボランティアが困りごとを支援する制度で大東市内在住の65歳以上の高齢者は誰でも使える。活動内容は掃除、洗濯、買い物といった介護保険の訪問介護サービ

図2．生活サポート事業の流れ

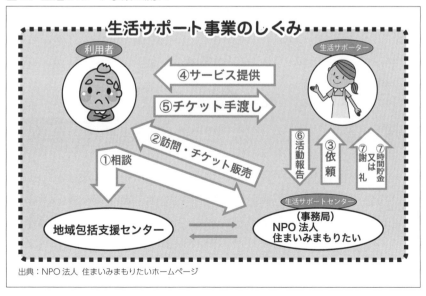

出典：NPO法人　住まいみまもりたいホームページ

スが担っていた内容と、介護保険では認められない窓ふきや家具の移動、庭掃除、カラオケの付き添いなどさまざまである。ただし、自立支援のための活動であることから、自分でできることは手伝わないことになっている。シルバー人材センターや家政婦とは違うのである。生活サポーターの登録者は年々増え続け758人（令和2年9月実績）となっている。利用者も125人に増え、要支援レベルが中心だが、要介護5の高齢者もいる。

(2) 将来の自分のための時間貯金の仕組み

　利用料は30分以内250円（実費）で生活サポーターは30分以内の活動に対し、250円を受け取るか、時間貯金を貯めるかの選択ができる。この時間貯金は本市限定の制度であり、将来の自分が生活に困った時のために、時間貯金として活動時間を貯金することもできる（図3）。

　時間貯金を貯めた人は優先権が付与されるので、どれだけ待機者がい

図3．時間貯金のイメージ

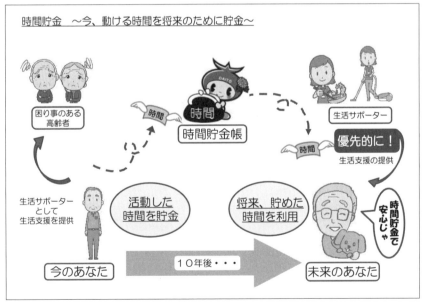

ても一番先に生活サポーターが来てくれることになっている。これから
の20数年間、後期高齢者は増え続け、労働人口は減り続ける。そうなれ
ば介護人材不足に拍車がかかることは目に見えている。介護のプロであ
るヘルパーは利用者が限定されるかもしれないし、介護分野以外でも人
材不足による人件費高騰が予想されている。近い将来、小金を貯めても
生活支援をしてくれるサービスは高騰していて使えない。そのような状
況の中、30分以内250円の生活サポート制度の人気はうなぎ登りに上
がっているだろう。今は700人を超えるサポーターたちがいるので待機
者は出さずに支援することができているが、10年後には人気が出過ぎて
待機者が発生しているかもしれない。そんな時代にこそ、この時間貯金
が役立つのである。本市で活動している高齢者たちは皆さん「生命保険
以上にいざという時の安心保険だ」と時間貯金をしておられる。この時
間貯金は人に譲渡することができる。ただし、譲渡された人には優先権
の付与はない。他市に転居するなどで時間貯金を使えない状況になった
時には譲渡、もしくは換金ができることになっている。時間貯金には税
金も介護保険料など一切の補助金が入っていない。

(3) 高齢者が再び役割をもつ

会社をリタイアするといきなり地域に放り出されて、役割がなくな
る。退職直後は仕事をもっているとできなかった海外旅行や趣味活動に
没頭する。あるいは孫の世話をする人もいるだろう。しかし、旅行はそ
うそう毎日行けるものではなく、趣味活動もお金がかかることが多く金
銭的な限界でやめざるを得ないことも少なくない。孫も小学生高学年に
もなると世話も必要なくなる。そうなると、どうやって1日を過ごそう
かと考えるようになる。地域にはこのような元気で時間を持て余してい
る高齢者がたくさんいて、毎日のようにフィットネスクラブや図書館で
時間を潰している。この時間をほんの少し他人のために使うことで将来
の安心を確保することができる。フィットネスクラブや読書では将来の

高齢男性サポーターの活動風景

安心の確保はできない。

　フィットネスを休むとフィットネス仲間は寂しがってくれるかもしれないが、困りはしない。しかし、生活サポート事業を利用している人は支援者が休むと困る。高齢者にとって、自分がいないと困る人の存在がいるのは、仕事をもっている人くらいである。それが生活サポーターになると再びその存在ができる。この存在こそが、高齢サポーター自身の存在価値を高め、「居る甲斐＝生き甲斐」となっているのである（写真）。

3. 市民主体の通いの場と生活支援におけるコロナ禍の影響とその対策

　このたびの新型コロナウイルス感染症に関しては経験したことがない状態に陥ったのは大東市だけではない。

　東京や大阪といった人口規模が大きい地域ほど感染者の発生数は多くなっているが、大東市は人口10万人単位では一時期、大阪府下で一番感染者数が多い状態に陥っていた。令和２年10月現在においても、大阪市に次いで第２位の状態が続いている。

　緊急事態宣言後には市民主体の通いの場も生活支援も全ての活動が休止となってしまった。

通いの場の活動休止中には全参加者に電話で安否確認と健康相談、自宅での体操継続の確認を行い、自宅でDVDを見ながらの体操が難しい人には個別に運動方法を助言するなどの支援を行った。電話では難しい人には訪問での支援も行った。

　活動の再開時には、地域包括支援センターのリハビリテーション専門職もしくは保健師が会場に出向き、マスクとアルコール消毒液が入ったスプレーボトルを配布するとともに、一定の距離を保てているか、換気はされているかなどの活動内容の確認を行った。

　現在では8割強の通いの場が活動再開できているが、会場自体が閉鎖されているなどの理由で再開できていない団体には、見守り活動の推奨やその方法の紹介や他の会場への参加を誘導するなどの支援を行っている。その他、再び、活動自粛に陥った時のために、体操のDVDと解説書を参加者全員に配布した。

　生活サポート事業は掃除等自宅内での活動は休止していたが、買い物支援は継続、もしくは宅配の使い方を利用者に伝授し、宅配に切り替えてもらうといった支援を行っていた。生活サポート事業は現在ではほとんどの活動を再開している。生活サポーターたちには携帯用のアルコールスプレーとマスク、使い捨て手袋を配布し、活動時には必ずマスク、使い捨て手袋の着用と連続で複数の利用者のところには行かないルールを取り決めている。

おわりに

　2025年、2040年に向けて、どの自治体でも地域包括ケアを推進している。地域包括ケアはその地域ごとの課題に即したものでなければならない。大東市では、市民の声や関係者の声に耳を傾け、その中から見えてきた課題を解決するための対策を考えてきた結果が、実は大東市の地域包括ケアを推進することとなっていた。この実践を通して感じることは、まずは、自分の地域で何が課題となっているかを探り、それを分析

したうえで対策がある。このプロセスを踏まずに国の言うまま、他の自治体の模倣だけでは、地域の真の課題の解決にはならないことである。

それぞれの自治体が自主性を持って、その地域の地域包括ケアを推進していってもらいたい。

地域包括ケアの推進には自治体だけでなく、医療や福祉、保健分野の専門職、市民やさまざまな地域団体、企業、商業等を含む多機関、多職種との連携が欠かせない。連携は連携する相手を知る、こちらの専門性や立場を知ってもらうことが最初の第一歩である。お互いのことを理解しながら、ターゲットとする地域をどのように変革していくのかを連携する目的と目標を一致させることが必要である。その上で、個々人が利己的にならず、また、既成概念に囚われることなく、目の前の市民だけでなく、その先の将来の市民が困らず生活できる地域をつくる活動こそが地域包括ケアの体制構築に結び付くものと考える。

3 高齢者を守る消費者被害防止の取組み
市民参加による悪徳商法撃退―伊賀悪徳バスターズ―

平井俊圭（伊賀市社会福祉協議会常務理事・事務局長）

1. 悪徳商法対策の必要性

　社会福祉協議会（以下「社協」と称する）はさまざまな生活上の相談に応じて、地域が抱えるさまざまな福祉課題を住民参加によって解決を支援する民間組織である。昔から時々不要な消火器販売などの問題のある商法の相談に応じてきたが、近年は明らかに高齢者や障がい者をねらって高額な商品を売りつけている。

　今日のコロナ禍においては、「ウイルスを死滅させる」「感染しない」などのキーワードでその効果が不確かな商材を使って勧誘を展開する業者もあり、国民生活センターが注意を呼びかけている[1]。なお、こうした問題のある商法を国民生活センターや警察庁では「悪質商法」と称するが、本稿では一般的になじみの深い「悪徳商法」と記載する。

　たまたま知り合った元悪徳業者で営業担当として勤務していたという男性の証言によると、「悪いと感じながらも、だましやすい人は高齢者や障がい者だから、そうした人を狙う」という。

　彼らの勧めに従って安易に高額な契約を結び、解決方法を見いだせず泣き寝入りしてしまっている場合も少なくない。だまされやすい人の名簿は売買されており、一度だまされると、次から次へと訪問販売される例が多いので注意が必要である。筆者が直接名簿販売業者に問い合わせて、過去訪問販売などで高額な商品を購入したことのある高齢者の名簿[2]の存在を確認した。これは元悪徳業者で勤めていた営業担当者の証

1）「くらしの危険」355号（国民生活センター、2020年6月）「除菌や消毒をうたった商品―新型コロナウイルスに関連して―」除菌や消毒をうたう商品に関する相談

言とも一致する。また、多くは分割払いの形態を取り、現金がなくても高金利で割賦手数料まで加えて契約させられ、多額の債務を負わされる例が少なくない。

　特に認知症のある人は、記憶力や判断力に支障があるため、相手の言うなりに、契約内容を理解しないままに契約をしてしまって、気づいたときには多額の債務を負ってしまい、生活費を圧迫したり、介護保険のサービス利用料の滞納や光熱水費の支払いが滞る場合も少なくない。中には、購入を断ったところ訪問販売員から殴られたという例も複数あった。

　残念ながら伊賀地域には消費生活センターはなく、悪徳業者の期待どおり泣き寝入りする人が多かった。また、消費生活センターは通常、相談者の自宅まで訪問までは行わない。高齢者や障がい者は電話等でうまく意思を伝えることが困難で、被害実態も訪問しなければわからないことが多い。行政関係者は中立性を求められるあまり、業者と本人との中間に立つことが通例で、担当者もそうしようと努力する。しかし、われわれが訪問して実態を把握することは容易であり、あくまで本人の立場に立ち得るのである。加えて、住民参加を得て権利侵害を防ぐ取組みを行うことは社協の本来的機能でもある。

　市町村合併後間もない2004年度末頃から伊賀市社協の全組織を上げて悪徳商法に立ち向かう決意で以下の取組みを開始した。

- ・地域福祉権利擁護事業や成年後見制度の普及・支援
- ・相談を受ければ情報収集（書類や現地確認、場合によっては1級建築士と訪問）
- ・相談受付時で可能な手続支援（クーリングオフや内容証明）
- ・本人の代弁をして業者と直接交渉

2）筆者が問い合わせた業者によると、こうした名簿は「夢見る老人」（通称カモリスト）と呼ばれ、検索可能な状態で管理されており、1人あたり10円から30円で販売されていた。警察に調査を依頼したところ、個人情報保護法に規定する5,000件以内と表明することで同法の規制を免れていることも判明した。

・悪徳商法相談概要一覧表を作成し民生委員など関係者に周知

・ホームページ（ブログ）や広報で PR

・ふれあい・いきいきサロンなどで PR

・弁護士や民生委員等で消費者トラブル対策検討委員会を組織し、年数回対策を検討

・担当者が受けられる相談情報を共有することで問題解決のたらい回しを避ける「伊賀相談ネットワーク」を構築

・市民参加のための養成講座を開催し対策チームを養成

・市内全戸に悪徳商法撃退プレートを配布

悪徳商法は、高齢者や判断能力があいまいな人たちを主な対象として、悪意のある事業者によって組織的に行われる経済的、精神的虐待である。

したがって、本腰を上げて悪徳商法対策に取り組まなければ、これまで爪に火をともすようにして貯めてきた貴重な財産や、今後見込まれる団塊世代の大量の退職金を根こそぎかすめ取られてしまうことになる。場合によっては犯罪に使われる財源となったり、貴重な市民の財産が市外に流出し、保険料や租税の滞納等、行政にとっても由々しき社会的な問題であると認識すべきであろう。

2. 悪徳商法撃退の実際

(1) 悪徳商法の早期発見

クーリングオフ期間中に発見できれば簡単な手続きで解約することができることから、できるだけ早期に発見することが重要である。早期発見のチェックポイントとしては、①見慣れない人物が出入りしていないか、②見慣れない段ボール箱や新しい商品、契約書を見かけることはないか、③訪問や電話におびえている様子はないか、④債務などのため、急にお金に困っている様子は見受けられないか、などである。

最も発見しやすい立場にあるのが、ホームヘルパーやケアマネジャー、

表1. 悪徳商法に関する啓発・交流の場

何を	いつ	何処で	どの様に
定例会	1回/月、ウィークディ	伊賀市社協会議室	伊賀市社協を交え、悪徳商法の情報交換（現状確認）、企画、公演練習、公演やイベントの確認と日程調整、配役の調整と決定など
公演	原則2回/月 日時は依頼先と相談	伊賀市内の自治会集会所、ホール、教室等	・寸劇公演の所要時間は約60分/回 ・悪徳商法に関する被害や手口の講話：10〜15分 ・寸劇（1〜2シナリオ）；30〜45分 ・悪徳商法撃退の歌合唱と体操；5分 ・観客に悪徳商法被害の経験を紹介していただき、被害の実態、その手口および騙されないノウハウの共有をする。また寸劇に対する感想や意見を聞く；5分
交流会	1〜3回/年	伊賀市社協会議室・交流会相手の提供	・伊賀市—伊賀警察署—伊賀市社協—劇団いが悪徳バスターズの交流会：1回/年 ・他団体との交流会；不定期

民生委員、近隣者など、本人の自宅に訪問する人たちである。したがってこれらの人々が悪徳商法に関心を寄せ、注意し合うことで早期に発見することができる。これを目指して、さまざまな機会を捉えて学習会の場を提供している。

　地域住民同士が気軽に情報を交換できる場があれば、互いに悪徳商法に気づくことがある。市内に約200カ所あるふれあい・いきいきサロン[3]や障がい者などを対象に、悪徳商法をテーマにした講話を開催している。実際にサロンへの参加者が、講話を聞いてから相談につながる例も多い。

(2) 狙われる高齢者や障がい者

　高齢者を中心とした交流の場である「ふれあい・いきいきサロン」で

3）高齢者をはじめ、障がいのある方や子育て中の親などの地域住民が、身近な地域を拠点に、民生委員やボランティアと共同で企画し、運営していく仲間づくりの活動

悪徳商法の実例を紹介したところ、終わってから70代の一人暮らしの高齢者から、だまされていたかもしれないと相談が入った。聞くと、訪問販売員が来て、瓦が割れたり痛んでおり、今日契約するよう強く勧められ、「今ならこの地区の宣伝を兼ね安く工事ができる」等と勧誘された。工事は痛んだところと割れたところだけを依頼したにもかかわらず、全面工事をされてしまった。契約額は560万円。後日、風で飛ぶといけないとアンテナを固定してくれたが、アンテナはその後の台風で跡形もなく吹き飛んでしまった。その後、次々に別会社の営業担当者が訪問してきて、「このまま放置すれば重い病気になりかねない」と30万円の足裏健康器（中国製でプラスチック製の簡易なもの）や47万円のマイナスイオン発生器（写真）、48万円の羽毛布団、54万円の掛け布団、320万円の床下除湿工事など9つの業者から、わずか2年の間に合計2,000万円を超える契約を結ばされ、そのすべてがローン契約で、月16万円の年金はすべて返済に回している状態だった。1級建築士に見ていただいたところ、まだ建築後の経年が浅く屋根の工事は全く不要で、床下なら換気扇はまだ効果が考えられるものの、屋根裏の3台の空気をかき混ぜるかくはん機（写真）は全く設置目的が不明。かくはん機は床下も合わせると合計8台も付いていたことから、かなりの騒音。健康器具なども本来必要のないものだった。

　この事例は早速弁護士につなぎ、すべての業者と交渉してもらった結

マイナスイオン発生器

かくはん機

果20万円を支払うことですべての債務はなしという結果となった。

3. 悪徳商法を撃退する市民チーム「劇団悪徳バスターズ」の活動

悪徳商法の早期発見と解決を容易にし、市民参加で悪徳商法の撃退を行うため、2006年度から7日間の「悪徳バスターズ養成講座」を開催、これまでにおよそ200名以上の市民の参加を得た[4]。講座では、悪徳商法の実例のほか、法制度や解約の方法、具体例を通じた演習も行う。活

表2．寸劇のテーマ

テーマ	H20	H21	H22	H23	H24	H25	H26	H27	H28
点検商法	←	→							
振り込め詐欺		←				→			
おばあちゃん助けて詐欺						←			→
送りつけ商法						←			→
おばあちゃん助けて詐欺逮捕編								←	→
還付金詐欺									↔

寸劇のテーマ更新について

1. 詐欺手口は年々巧妙になり、消費者の盲点をたくみについてくる。新しい手口や被害状況を、ニュースなどのマスコミ情報をキャッチする。また伊賀市・伊賀警察署・社協・劇団いが悪徳バスターズの交流会で直近の悪徳商法を知り、シナリオ化する。
2. 「点検商法」⇒「振り込め詐欺」にシフトしたのは、特殊詐欺が詐欺の主流になったため。「振り込め詐欺」⇒「おばあちゃん助けて詐欺」へのシフトは、詐欺のお金の受取り手口がATMからゆうパックやメール便および手渡しに変わってきたため
3. 「おばあちゃん助けて詐欺」に「おばあちゃん助けて詐欺逮捕編」を加え、予防的観点から逮捕まで事後的な対応もシナリオ化した。

4）悪徳商法撃退ブログの2008年9月4日の記事を参照。http://blog.livedoor.jp/akutokugekitai/archives/51262319.html

動は基本的に本人主体で行うが、催眠商法などの情報は全メンバーに伝えて撃退していただく。

　悪徳バスターズは今後、①悪徳商法の発見と相談窓口への紹介役、②契約時の同席人、③クーリングオフの支援役、④悪徳商法事例の伝達役、⑤マルチ商法の不買運動、⑥催眠商法の撃退チームとしての役割が期待できる。実際、養成講座終了直後に現われた、貸店舗を利用して3ヵ月間営業を行う催眠商法の店に悪徳バスターズのメンバーが潜入した。知人や友人にも声をかけて、店舗スタッフが高額なものを安価で販売しているときだけ安い商品を購入し、実際に高額なものの販売を始めると購入をストップする活動を行った結果、1週間経たずに退散した実例もある。2008年度からは悪徳バスターズのメンバーが劇団を立ち上げ、より積極的に劇を通してわかりやすい事例紹介を行っている。この活動は市内各地のふれあい・いきいきサロンなどからの要請に応えておよそ月2回のペースで公演しているほか、全国ボランティアフェスティバルで公演するなど活躍いただいている。発足から2020年9月までに講演回数は延べ169回、参加者数はおよそ4,000名を超える[5]。

　前出の多数の業者から2,000万円を超える契約をさせられた70代の一人暮らしの高齢者は当初うつのような状態だったが、養成講座を終了後、悪徳バスターズに参加し、「自分と同じような被害者を出したくない」と、まさに迫真の演技を演じ、元気を取り戻した。

4. 伊賀市への消費生活相談窓口の設置

　こうした取組みもあり、伊賀市に消費生活相談窓口が設置された。総合相談窓口である地域包括支援センターの機能と連携して悪徳商法の相談窓口として対応している。このように市民の活動は地域の課題解決の

5）劇団いが悪徳バスターズ講演実績記録による2008年8月26日から2020年9月19日までの実績である。ただ、2014年度以前は参加者数の記録がないが、4,000名を大幅に上回る参加実績があると思われる。

必要性と、解決による効果を見える化するものである。

目指すは市民総悪徳バスターズである。

おわりに

　行政や警察は何か事件が発生して被害者が出た時点でしか対応することは難しい。事後的な取組みは可能でも予防的には動かない現実がある。これに対して市民活動は予防的に対応することが可能である。社協は変遷する地域のニーズに応じて機敏に市民活動を主体として予防的な活動に積極的に取り組むことのできる組織である。成年後見制度を使いやすくするための支援機関である「伊賀地域福祉後見サポートセンター」の設置や、社会福祉法人の組織化および地域貢献への支援を行ってきた。これからも支援が必要な状態になっても安心してその人らしく暮らせる地域を目指していきたい。

参考文献

・平井俊圭「市民による市民のための悪質商法撲滅活動―伊賀市社会福祉協議会の取り組みから―」『月刊国民生活』2007年4月号（国民生活センター）

・平井俊圭「第1章　伊賀市社協と「地域ケアシステム」の考え方」「第2章1　生活を支える福祉サービスの創造」「第4章　地域ケアシステムを推進する社協経営」「おわりに」原田正樹監修、伊賀市社会福祉協議会編集『社協の底力　地域福祉実践を拓く社協の挑戦』（中央法規出版、2008年）

・平井俊圭「第2章　認知症の人に対するフォーマルケア―Ⅵ、Ⅶ」一般社団法人日本認知症ケア学会編『認知症ケア標準テキスト　改訂4版　認知症ケアにおける社会資源』（ワールドプランニング、2012年）

・平井俊圭「連載　悪徳商法の傾向と対策」『月刊ケアマネジャー』（中

央法規出版、2014年4月～2015年3月）

・平井俊圭「第7章7 権利擁護活動」白澤政和・福富昌城・牧里毎治・宮城孝　編著『MINERVA 社会福祉士養成テキストブック6　相談援助演習』（ミネルヴァ書房、2015年）

4 外国人介護福祉士候補生の受け入れの取組み
―国際連携を強化し、地域とアジアの福祉向上のために―

加藤　馨 (社会福祉法人長寿会理事長、特別養護老人ホーム陽光の園施設長)

日本において急激な少子高齢化が進む中で、増加する高齢者福祉ニーズに対応するための人材不足が叫ばれて久しい。本稿では、介護のなり手として期待されている外国人介護福祉士候補生の当法人の受け入れの取組みについて紹介する。また、外国人介護職員受け入れの自治体や業界の支援についても紹介する。

1. 地域の特性

長寿会のある小田原市は神奈川県西部に位置し、西に箱根山を見上げる足柄平野にあり南は相模湾に接している。温暖な気候に恵まれるとともに、東京・横浜への通勤圏都市で、人口は約19万人である。城下町として古くからの企業が多いとともに、都市通勤圏として新興住宅も点在し、また、周辺地区に箱根・湯河原の観光地、足柄平野の農業、相模湾での漁業など多様な顔をもつ地域である。2020年度の高齢化率は29.9％で約5.7万人の高齢者がおり、市内中学校区を基準に12地区に分けそれぞれ地域包括支援センターが設置されている。それぞれの地域でのニーズに多様性がありながらも行政や地域包括支援センター間での連携、地域住民ネットワークや医療関係および介護事業者等との連携により諸問題を解決するべく取り組んでいる。

高齢者福祉施設の行政計画では都市近郊の標準的な福祉介護計画に基づき整備される一方で、民間事業者が小田原市の立地の良さを当て込み、2018年3月で有料老人ホームが1,200室以上、デイサービス事業所も100事業所を超え、高齢者施設は乱立飽和状態になっている。

このような状況の中、高齢者や事業所を支える人材を今後どのように

確保し育成していくかが地域の大きな課題のひとつとなってきている。高齢者の支えあいシステムの構築を図るとともに未経験者の掘り起こしや若年層への働きかけ等、行政をはじめ地域福祉関係者が協力して取り組んでいる。しかしながら、現状ですら各事業所はぎりぎりのマンパワーでサービスの提供にあたっており、少子化の一方で圧倒的に増加する高齢者福祉ニーズに応えるには、既存の取組みだけでなく、さらに、別の新たな取組みを加えなければ地域を支えきれないと実感している。

2. 法人の概要と外国人介護福祉士受け入れの経緯

　箱根連山の山麓に位置する長寿会は1952年から老人福祉事業に取り組み、時代のニーズに応え徐々に事業を拡大した。現在では特養・軽費老人ホーム・在宅事業を展開し、300名以上の高齢者が利用する地域福祉の拠点としての役割を果たしている。また、市内中心部で地域包括支援センターを受託運営している。

　長寿会は高齢者福祉の国際交流にいち早く取り組み、1968年に行われたICSW（国際社会福祉会議）において東洋の代表として前理事長が講演を行った。1972年には欧米からの実習生の受け入れを行うなど交流を深め、さらに、1985年からは韓国・台湾、1992年からは中国と合同で各国持ち回りの老人福祉を研究する福祉会議を開催した。その流れの中で、外国人介護福祉士候補生の受け入れを開始し、国際交流や連携が地域福祉の発展にどう寄与できるか試行錯誤しつつも取り組んでいる。

3. 外国人介護福祉士候補生の受け入れ

(1) 国が示した基本的視点
　外国人介護人材の受け入れについては以下の4つの制度がある。
　　①EPA：経済活動の連携強化を目的とした特例的な受け入れ
　　②留学生：介護資格を取得した留学生への在留資格付与
　　③技能実習：日本から相手国への技能移転

④特定技能：介護人材対策として、一定の専門性と技術を持つ人材
　の受け入れ

(2) 経済連携協定 (EPA) に基づく受け入れの枠組み

　経済連携協定の発効により、インドネシアについては2008年度から、フィリピンについては2009年度から、ベトナムについては2014年度から開始した。この枠組みは一定の要件を満たす病院・介護施設（受入施設）において就労研修することを特例的に認めるもの（滞在期間は看護3年、介護4年まで）。国家資格の取得後、在留期間の更新回数に制限がなくなる。

※長寿会は国が示した上記制度のうち日本国内で5年以上実績のあった
　EPA で2016年度よりベトナム人の受け入れを開始した。

(3) 採用までの流れ
　　①求人登録申請
　　②国際厚生事業団（受入調整機関）による受入希望機関の要件審査
　　③送り出し機関による就労希望者の募集・審査・選考
　　④現地面接・合同説明会
　　⑤マッチング
　　⑥採用内定

受入施設の目的

　同業他施設と意見交換する中で「国際貢献・国際交流」などの目的をあげる施設もあるが、「将来の外国人受入テストケース」として受け入れている施設が多く、目的を尊重しつつも実態として「現状の人材不足の緩和」をあげる施設がほとんどである。

就労希望者の目的

　ベトナム国内における3年制又は4年制の看護過程の修了者が就労を

ベトナムハノイでの説明会風景

担当職員と通訳で施設を紹介

希望しているので、介護分野への適正があり就労意欲が感じられる。ベトナム国内の病院は日本と違い、働きたい希望者が採用数をはるかに上回り日本での就労は働く場所の確保として魅力的であるとのことである。さらに、なんといっても得られる収入がベトナム国内よりはるかに多く、日本が安全で先進国であるという魅力で希望していると思われる。

　現地に行き数十名の就労希望者と面接を行った。ある希望者から志望動機として、6人兄弟の長女なので弟や妹の進学のために仕送りをしたいとの発言があった。受入側として日本での就労をできる限り応援したいという思いになった。

4. 採用後、日本施設での就労

(1) 生活基盤確立支援

　外国人就労希望者は社会経験も少ない20代前半の若者がほとんどである。まず、生活の安定が日本での就労・資格取得の基礎となる。住居の世話や生活基盤の確立を援助し、日本の生活や仕事場に馴染むように導くことが重要である。

(2) コミュニケーション力の向上支援

　日本語については基礎的なことは学んでいるが、スムーズな会話は時

間をかける必要がある。できるだけ簡易な言葉でゆっくり話すことでコミュニケーションの向上につなげるとともに、外部の日本語研修の場を提供するなど徐々に介護用語も身につけてもらうようにする。

(3) 職場への適応促進・日本の生活習慣の習得

　職員が受入段階から関わり、介護福祉士を目指す外国人を理解し、日本人とともに成長できる体制構築が肝要である。指導職員との信頼関係構築のためにホームステイや日本風土紹介の行楽の実施などを行う。

　一方でベトナムにいる親族との関係やEPAで他の施設に来ている仲間との交流を尊重するとともに嘱託医や看護職がメンタル面も含めケアにあたれるようにする。

(4) 資格取得に向けての研修体制

　施設内での業務指導にあたり、国家資格の受験を意識した指導になるよう指導職員に意識づけるとともに、施設外部の研修機関などを活用する。

5.　1年目〜2年目の状況

(1) 外国人介護福祉士候補生

　最初は日本での生活に戸惑いもあったようだが、今では職場にもすっかり慣れ、資格を目指しつつ仕事をしっかりこなすようになっている。介護の仕事だけでなく、日本人の規則正しい社会生活や衛生面の徹底さなどを感じ取ってくれている。

(2) 日本人への影響

　受け入れ前に日本人職員からは、「ほんとうに大丈夫なのか」との声も多かったが、一緒に仕事をしていく中で、ベトナム人候補生の真摯な姿勢や業務遂行能力の確かさを感じることになった。受け入れ時産休中

EPA 3ヵ国介護福祉候補生と合同研修

であったが、10年のキャリアのある中堅職員は職場復帰した時に候補生の優秀さに目を丸くしていたことが印象的であった。日本人の仕事に対する意識向上や国際性の向上につながっていると感じられる。

(3) 地域社会への影響

地域社会との交流事業である盆踊り大会への参加や民生委員やボランティアへの感謝会で施設入居者とのコラボ演奏を披露するなど地域と関わりを持つ機会をつくるように心がけた。地域の方々も外国人の介護参加を徐々に理解してくれていると思われる。

6. 3年目〜4年目の状況と対策

(1) 外国人介護福祉士候補生の状況

日本の生活や風習にも慣れ、勤務状況も良好で、人間関係も適度な距離でトラブルにも巻き込まれることなく就労を続けている。約1年で夜勤業務に就き、記録や緊急時の対応も日本人夜勤者と連携を取りながら対応している。また、行政の支援もあり学習に対して意欲的に取り組む姿勢がみられる。日本語能力も向上しN1（日本語能力試験のいちばん

夏祭りに参加

難しいレベル）取得者が４人、介護福祉士取得者３人となり施設運営に
欠かすことのできない存在になっている。

(2) 施設側の外国人受入体制強化

　施設関係者が所有しているアパートと契約を結び、入国時期は違って
も先輩、後輩で相談できる環境にした。生活必需品を事前に揃えるとと
もに、携帯電話の斡旋や生活での不便さを相談できる日本人の部署責任
者や候補者自身の健康を相談できる看護師の配置など体制を整えた。さ
らに、年１回は母国に帰国できるような休暇についても工夫した。

7.　コロナ禍での就労と候補生来日遅延

　2020年１月以降、日本でも徐々に新型コロナウイルス感染が拡大し、
母国に帰る予定であった候補生も帰るに帰れない状況が発生した。それ
でもスマホ等で情報を取り、状況を冷静に受け止め母国の親族とも連絡
を取り合っている姿が見られた。日本人と同じように生活の制約を受け
ることによるストレスは感じながらも、体調を崩すこともなく就労を続
けてくれている。

　本来なら2020年５月に来日する予定であった介護福祉士候補生も来日
できなくなってしまった。ハノイで自主学習をしている候補生に対し
て、すでに日本で働いている先輩職員の写真入りメッセージを送信した

食事介助の様子

利用者と談笑

ところ、6月5日に下記メッセージが日本語で返信されてきた。

> 陽光の園へ
>
> 　陽光の園から関心をいただいて誠にありがとうございます。
>
> 　コロナ流行が広がっている間に、いつも心配しているので、毎日新型コロナの状況に関するニュースを見てきました。ベトナムと日本では新型コロナが減っているので、日本に行ける日が近いと思っています。先輩の写真と名前を見て覚えました。私と○○さんはいつ日本に行けるか分かりませんが、必要なことを準備したり、日本語を勉強し続いておくとともに、同僚　先輩に会える日を待って、ワクワクしています。
>
> 　日本に行ける日が近づいているかもしれないと思います。日本に行った後で仕事ができるので施設のことをもっと知りたいので、仕事の中等、注意するべくことを教えていただけませんか。日本語も介護専門も勉強して頑張ります。
>
> ————原文のまま————

　コロナ状況でいつ来日できるか目処も立たない中で、日本での就労のために一生懸命勉強していることが伝わってくる返信文であった。彼女たちが施設で働くことになったら、あらためて支援をしっかりしていこうという思いになった。

2020年秋には日本の感染状況も少し落ち着いており、コロナをほぼ抑え込んでいるベトナムからのビジネス目的の来日も可能となった。上記介護福祉士候補生も11月上旬に来日、１月中旬から施設で働ける予定になっていた。１月になり期待と不安が入り混じりながらも前向きなメッセージが届いた。

> 　実は日本に来る前に、色々なことを心配しました。そして、私はメッセージで先輩に聞きました。先輩は熱心で答えましたから安心になりました。私は先輩に有難いと言わせて頂きます。
> 　私は幕張で２ヶ月ぐらい先生たちと皆と一緒に専門と日本語を勉強しました。私の結果が高くありませんが、とても楽しいです。施設で働く時に、私は仕事でも勉強する事でも頑張ります。
> ————原文のまま————

　また、コロナによる状況での業務過多を補うために、新たに永住資格所有の在日中国籍の職員を雇用した。すでに３年前から就労している永住資格所有の在日韓国籍の職員も含め国際的な力を合わせて施設を運営している。

8. 国の動向

　少子高齢化する日本の状況は確実に進行しており、2025年における介護需給推計では、37.7万人の介護人材が不足するとの国の推計がある。リクルートワークス研究所によれば2020年介護職も含めサービス業に就いているのは全就業者数の15.6％程度である。

　国内だけで介護人材の不足分を無理に掘り起こすと、適正を欠く人材の就労が多くなり、取り返しのつかない事態の温床ともなる。そこで、若年層が多いアジア国々で介護・福祉業務の適正人材を確保することが必要な時代となっているのである。2019年には政府も、国際交流や技能移転のような大義名分ではなく「介護現場の人手不足をカバーするた

め」の施策として特定技能を位置づけたのである。

9. 自治体や業界の取組み

　神奈川県域（横浜市・川崎市・相模原市を除く）で高齢者福祉事業を運営する社会福祉法人が中心となって活動している神奈川県高齢者福祉施設協議会が2020年6月に外国人労働者就労状況調査（就労予定者含む）を実施したのが下記表となる。回答施設数119施設、回収率70％。

EPA	技能実習生	特定技能	留学生アルバイト	定住外国人	その他	合計
172人	91人	10人	4人	62人	23人	362人

　回収率を考えると400人近い外国人が施設での就労についていることがわかる。就労予定者を含んでいるのでコロナ禍で来日できない外国人もいるが、2019、2018年時点での調査で約200人であったので、この2年間で倍増していることになる。

　神奈川県もEPAに対する学習支援や定住外国人に対する就労支援事業等を制度初期の段階より支援してくれており、2020年には外国人技能実習生等資質向上研修事業を新規に創設するなど、外国人介護就労者への支援をより推し進めるようになっている。送り出し想定国もフィリピン、ベトナム、カンボジア、中国、インドネシア、タイ、ミャンマー、ネパール、モンゴルの9カ国になり、アジアの広範囲に及ぶ国々からの就労者支援となっている。

　私が会長をしている神奈川県高齢者福祉施設協議会では、ハノイにおいて神奈川フェア介護ブースから神奈川県福祉部と共同で介護の素晴らしさをアピールした。また、外国人技能実習生等資質向上研修事業を受託するなど神奈川県との連携を深めるように努めている。さらに、今後の情勢を見据え、2020年9月には介護分野における「特定技能1号」の登録支援機関として登録をした。

　外国人の受け入れ、就労支援、学習支援、さらに生活支援等は一施設

だけでは限界があり、自分の施設での受け入れの経験からも行政や業界の支えがどうしても必要と考えたからである。

おわりに

　コロナ禍でもコロナ終息後でも、日本の高齢化率に大幅な変更のない限り、介護人材不足の状況は変わらない。官民が協力して外国人の介護就労を促進して、その質を高めることにより、日本の高齢者介護を支えなければならない。外国人介護就労者も日本で学んだ地道な取組みが自国に帰国した場合に活かされることになると確信している。結果的に高齢化率の高まる他のアジア諸国全体の高齢者介護の発展につながると信じて活動を続けていこうと思う。

黒岩神奈川県知事と筆者（左から2番目）　かながわ介護ブースで（於　ハノイ）

5

地域ベースの認知症ケア
―グループホーム・デイサービス・認知症カフェ―

近藤るみ子（NPO法人ひばりの里ネットワーク理事長）

　コロナ禍で認知症ケアのあり方も変わっている。まずは、当法人の成り立ちや運営を紹介する。

1. 法人の成り立ち

　「NPO法人ひばりの里ネットワーク」が設立されたのは、2000年11月であった。1997年頃から埼玉県北川辺町で地域の環境問題等に取り組んでいた中で、生活や老後の暮らしに不安を感じる数人が、浦和市（現さいたま市）の「日本初のグループリビング事業への補助金」による「グループハウスさくら」の運営を紹介した新聞記事を見つけた。これは、3階建ての1〜2階部分に6人の60〜70歳代の女性が協力しあって生活するというものであった。オーナーはその3階で生活するH氏で、見学を快く受け入れて下さった。当時は、グループリビングという住み方が注目されはじめ、高齢になった時に一人暮らしを不安に思う人達が自らの意思で共同生活をする、その場を提供する人や、定年を迎えて自らが建設資金を出し合って生活の場を建設するというケースが出始めていた。

　この見学会をきっかけに自分たちの地域でも安心して暮らせる環境を作ろうと準備を開始し、2000年にはチャリティーコンサートを開催し、同年4月に、北川辺町において知人から借りた建物で「地域みんなの交流の家」をオープン。誰もが集える居場所を目指す取組みがスタートした。

　「地域みんなの交流の家」は、毎日のように自転車で通ってくる近所の人や、車での送迎を必要とする高齢者が来て織物や布小物を手作りし

たり、昼食を一緒に作ったりと楽しく過ごせる場になった。そのうちに、高齢者の人の家族から「宿泊させてもらえないか」という希望があり、受け入れることになった。しかし、当時は介護保険がスタートしたばかりで、NPO法人ひばりの里ネットワークは事業の指定を受けていなかった。宿泊に伴う夜間の人員配置はボランティアに頼るわけにはいかず、その費用は利用者家族の負担であった。しばらくの間は、日中の交流と宿泊機能を併せ持つ自費の宅老所のような取組みを行っていた。当初の目的「安心して暮らせる環境づくり」に係る経費の問題と介護力をどう確保するかという現実にぶつかった。介護保険の事業者指定を受けるには法人格が必要であり、2000年11月にNPO法人の認証を受けることになった。その定款に記される法人の目的は「『いのち』を大切にする社会づくりをめざし、高齢者福祉を主とした福祉全般に関する事業や食と環境を守る事業等に取り組み地域全体の福祉の増進を目的とする」とし、いのち・福祉・環境をキーワードとしている。会の源流となる環境は「いのち」につながり「生きる」につながる。そして「生活」「くらし」「尊厳」と活動の方向を定め、ネットワークでつなげていきたいと考えた。

2. グループホームの設立

2001年当時、グループホームは埼玉県内にもあまりなく、指定権者の県の担当者と互いに情報を提供し合いながらの手続きとなった。まず、居室を一定の面積以上の広さに改修し、手すりなどのバリアフリー、台所、浴室などの最低限の工事が必要になったが、その費用をどう捻出するかが問題となった。銀行に相談に行くも「融資先としてNPO法人が含まれていない」という理由で断られ融資はしてもらえなかった。

法人理事長の持ち出しで改修工事が行われ、事業指定にこぎつけられたのは2001年7月であった。しかし、指定手続きの中で、当初の「地域みんなの交流の家」の形を変えざるを得ないこともあった。日中の誰も

が憩う場の提供は介護保険事業指定の時点から、それ以外のサービスはできないとのことで、それまでの利用者を断ることになってしまった。

　同年11月には、定員6名の民家改造型グループホームが満員になった。6人目の入居者は埼玉県加須市内にビルを持つ女性で、家族が相談に来た際に「私は嫁ですが、母は自宅で転倒して骨折しました。病院で手術をして退院の許可は出たものの、自宅に一人ではおけないので、何件も施設を見学して来ました。こんなに近くに家庭的なところがあったなんて」と、喜ばれた。その場で入居が決定し、さらに「実はうちの持ち物のビルが空いているので、このような目的であればぜひ使って欲しいのですがどうでしょう」と申し出られた。駅前通りに面した商業立地的に便利な場所である。環境に関しては、入居者の希望で田んぼの環境がよければ北川辺町へ、駅前通りがよければ加須市へと選べることを利点にしようと、第2のグループホーム開設の話が進んで行った。この際も銀行の借入れは受けられず、寄付の食器や備品を使い翌年（2002年）5月になんとか開設できた。その時点で北川辺町のグループホーム麦倉ひばりの里定員6名、グループホーム加須ひばりの里定員6名の2つのグループホームを運営することになったのである（加須ひばりの里は2年後には2室増床し定員8名に。改修費用は知人から個人借入れ）。

3. 認知症ケアの経験を活かして一環した相談・支援体制をつくる

　2006年、グループホーム、デイサービス、訪問介護を同時に開設した。また、介護保険外の任意の生活サポート、宿泊サービスも開始した。それぞれの事業部門の開設は、グループホームで認知症ケアの経験を積んだスタッフが担当した。はじめは「訪問の経験がない」「デイの経験がない」と、不安だったようだが目的を共有するよう努めた。この形は、当初、厚生労働省が打ち出した小規模多機能型サービスにしようかという計画もあったが、市に打診すると事業計画にないため指定が受けられず、県指定の「訪問」「通所」となった。

当法人の相談支援体制は、特別なものではなく、これまでの認知症ケアの経験を在宅に活かそうというものだ。新しくオーナー型で建設するグループホームと同一の棟にデイと訪問、生活サポート、宿泊サービスの機能を設け、利用者のニーズによって組み合わせる。目指すのは、利用者の在宅における生活支援、グループホームへの入居、看取り介護という一環した支援ができる体制づくりである。認知症ケアの経験を積んだ法人内ネットワークの活用である。その周りには行政、地域包括支援センター、医療、公共機関、自治会組織等ともネットワークをつなぎ、協力関係を構築することである（次頁図参照）。

4. 新しい地域実践

(1)「地域みんなの交流の家」の復活

2014年、新たに取り組んだ事業に「認知症カフェ」がある。2013年度に加須市で行われたグループホームの公募に応募し、当法人の事業計画が採用された。その計画は、麦倉ひばりの里の既存のグループホームに1ユニット増築すると共に、2階に、研修室、ギャラリー等を併設すること、別棟に「地域みんなの交流の家」をつくるというものだ。これは、当法人が設立当初に取り組んでいて、介護保険事業指定時から指定以外のサービスのためできなくなっていた「地域みんなの交流の家」の復活である。当初、法人が事業目的の中に盛り込んだ「地域全体の福祉の増進」を復活した「地域みんなの交流の家」から発信し、取組みを進めたいという思いがあり、まず始めたのが「認知症カフェ」である。

「地域みんなの交流の家」の建物は、高齢者も子どもも、誰もが気軽に立ち寄り楽しく過ごせる拠り所を目指し、居心地の良い空間になるよう内装、外装ともに工夫した。健康的なお弁当を販売するために保健所の許可も取得した。気軽に楽しめる囲碁、将棋、麻雀、ダーツ、オセロ等を揃え、子どもが来ても楽しめるようにパズル、絵本、駄菓子も用意した。飲み物は4種類の無料ドリンクバーや本格コーヒーメーカー（有

図．NPO 法人ひばりの里ネットワークが考える利用者を支えるためのネットワーク

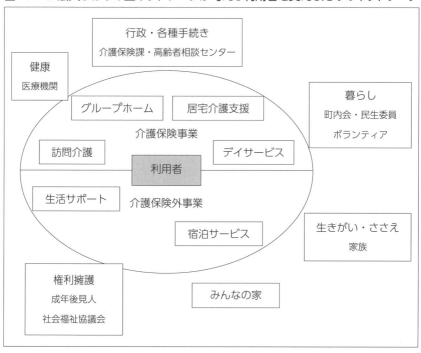

行政・各種手続き
介護保険課・高齢者相談センター

健康
医療機関

グループホーム　　居宅介護支援

介護保険事業

訪問介護　　　　　デイサービス

利用者

生活サポート　　介護保険外事業

宿泊サービス

暮らし
町内会・民生委員
ボランティア

生きがい・ささえ
家族

権利擁護
成年後見人
社会福祉協議会

みんなの家

日常・食事づくり

日常・洗濯物たたみ

料）、アイスキャンディー等を揃えた。BGM の CD は、安らげるもの、懐かしいものを揃え、ギターを置き、畳スペースにはお茶席にもできるように掛け軸と花入れをセットし、季節の花を飾った。

(2) 「認知症カフェ」へようこそ！

　初めて試行的に行った認知症カフェは、午前10時から午後３時まで行われた。約20人が参加した歌声喫茶、健康弁当を食べ楽しく過ごせた昼食、将棋や麻雀など得意なことが好きなだけできた時間、認知症の人本人と介護者であるその妻たちがそれぞれ楽しめた時間であった。法人としても大変教訓を得た会となった。

　認知症カフェにたびたび参加してくれていた若年性認知症のＳさんは元々デイサービスを嫌がっていたが、当初は妻の送迎付きではあったが、そのまま同一敷地内にある認知症対応型デイサービスの利用に自然に移行することができた。デイサービスの開始にあたっては、スタッフ間の情報の共有を図るために、法人内関係者による担当者会議（ケアマネジャー、デイサービス管理者、作業療法士、スタッフ、認知症介護指導者である理事長、「地域みんなの交流の家」担当者）を開催した。認知症カフェの目的、Ｓさんがデイを利用するようになった経緯、今後の関わり方、家族への支援について話し合った。Ｓさんにとって「地域みんなの交流の家」とデイサービスに行くことが楽しみとなり、「表情も生き生きしてきました」と、妻からうれしい報告をもらっている。

　この認知症カフェ（対外的には「オレンジカフェ」と呼んでいる）の開催が、若年性の認知症の人の「デイサービスなんかには絶対行かない」という、介護サービス拒否の状況に対してワンクッションになっていることが証明されたとともに、家族介護の軽減が図れるという実績を作ることができた。

　認知症の人にとっての居場所は、「普通でありたい」と考えている。誰もが集う場づくりに取り組みながら、そこで認知症の人も普通に過ご

せること——それが実現して初めてバリアフリーの地域、誰もが「尊厳」をもって暮らせる地域になっていくのではないかと考える。

5. 地域との連携

　市民目線の取組みが「地域全体の福祉の向上」を目的とするNPOの活動へと発展して行った。その過程において、認知症の人との出会いから大きな影響を受けた。「認知症の人と家族が地域でありのままに暮らせる環境」は「どんな立場の人もそれぞれの尊厳が大切にされる地域」と言い換えることができるのではないかと考える。

(1) 無農薬野菜づくりから拡がる地域との交流

　法人では「食と環境を守る」という活動で、無農薬野菜づくりに取り組んでいる。加須ひばりの里では、約300坪の畑を借り、利用者と一緒に色々な野菜を作り収穫する。その一連の作業を通して、役割の発揮、生きがいづくり、収穫や食べる楽しみにつながり、健康づくりとなる。

　6月にはジャガイモの収穫祭を町内会の回覧板でお知らせすると、毎年100人近くの子どもを含む地域の人達がシャベルをもって芋掘りに来る。グループホームやデイサービスの食事には無農薬野菜を中心としたメニューが主となる。また、畑の約半分を10区画に区切り、市民農園としたことで、近所の人が思い思いに野菜をつくる。地域との接点が生まれることを期待している。

　そして、畑の利用者が法人主催の秋祭りやもちつき会に、ボランティアとして手伝いに来てくれるようになった。また、防災協力員として契約に至った人もいる。町内会長と民生委員に推進会議に出席いただき、行事の回覧板を回してもらっている。法人主催の秋祭りは「地域のお祭り」のような規模となり、利用者の家族や地域の人が100名以上参加する。クリスマス会は市内の公共ホールを借り、ボランティア5〜6団体（約50名）が演奏や歌、踊りを披露して、ひばりの里の利用者や家族、

《ひばりの里の四季》

桜満開の庭で食事　3月〜4月

秋祭り　9月

芋ほり収穫祭　6月

恒例のもちつき　1月

地域の人が観覧するというもので、年々、参加者が増えている。

（2）市内の高校をはじめとするさまざまな交流

　市内にある高校との連携は、かれこれ約15年に及んでいる。生徒が
ホームにボランティアに来ていたが、その後、法人理事長が学校の「ス
ペシャリストに学ぶ」という授業で講義の依頼を受け、また、学校の授
業の「ミニデイサービス」には、ホームの利用者が毎年3〜4回招かれ
ている。秋祭りやクリスマス会には生徒のボランティア参加もある。夏
休みには、実習生としても受入れており、毎年のように1〜2名の生徒
から就職の希望がある。生徒がホームに来たり、利用者が学校に招かれ

ることは、利用者の楽しみになっており、連携の効果であると考える。

　行政との連携では、法人理事長が市役所職員や民生委員、中学校生徒等に対して認知症サポーター講座の講師を毎年のように依頼されてきた。

　グループホーム加須ひばりの里では、併設しているデイサービスの休業日（毎週土曜日）をレンタルスペースとして貸し出し、地域に開放している。これまで、ヨガ教室として不定期に利用されていた。また、毎月第2土曜日の午前10時から12時にオレンジカフェを開催し、認知症相談、健康体操や歌声喫茶などを無料で市民対象に行っている。

6. 障害者事業の展開

　2015年のある日、行政に携わる人から「NPO法人としてはそろそろ障害者事業をやるのですか？」と思いもよらない言葉をかけられた。その時、ハッと我に返り、私たちの活動がそういう風に見られていたのだと気づいた。その後、冷静になってその言葉の意味を改めて考えてみた。そして、主に介護保険事業を行いながら地域との連携につとめ、地域福祉の向上を目指していたそれまでの活動を一回り広げ、障害者事業も展開しながら同じ目的を目指すことは、自然の成り行きかもしれないと考えた。では、今ある建物で、今できることは何だろうと思った時、グループホームの利用者が一様に子ども好きであることから、子どもに関する事業を探し、全県的な需要もあることから、理事たちと相談して決めたのが「障害児の放課後等デイサービス」であった。場所は、2013年に麦倉ひばりの里のグループホームを増床した2階部分で当初ギャラリーとしてつくったスペースと研修室を使ってできると見込みを立て、認可を受ける準備に入った。2016年8月「障害児放課後等デイサービスちゃんす」をオープンした（名前の由来は「誰でもどこでもいつでもちゃんすがある」）。2019年には、毎日10名前後の子どもたちが、学校が終わった後や夏休みには朝から来ては、楽しく過ごしている。グループホームの利用者とは、中庭で交流したり、夏の流しそうめんや芋ほり収

穫祭、餅つきなどを一緒に行い、子どもたちとのなごやかな時間が見られている。

　同時並行して取り組んでいたのは、障害者の就労支援事業所づくりである。放課後等デイサービスをつくる過程でスタッフ研修をお願いした埼玉県内で障害者事業を大きく展開する「みぬま福祉会」の川口太陽の家では、さまざまな障害を持った人たちが絵画やステンドグラスなど一人ひとりの個性あふれる作品づくりに取り組んでおり、「川口太陽の家のような障害者施設をつくりたい」と心から思った。

　そして、指定権者の埼玉県との手続きを経て2019年4月、加須市麦倉に建築した生活介護・B型就労支援複合型施設がオープンした。作業としては、カホーンという楽器や陶芸作品の制作、農産物の収穫などを行なっている。また、2020年5月、加須市道目に障害者の女性専用グループホームいちご荘がオープンした。

7. コロナ禍における事業・利用者への影響

(1) 深刻な影響

　2020年、感染症の新型コロナが流行した。介護事業にも障害事業にも大きな打撃となった。感染拡大傾向の際にグループホーム事業の中でできなくなったことや弊害、これまでより増えたこと等は次のとおり。

- ボランティアの受け入れ中止（絵画教室、大正琴、読み聞かせ、フォークダンス、民謡等）
- 家族の面会禁止・制限
- 病院への受診控え　・訪問歯科の往診中止
- 利用者の、他人と接触のある外出禁止（買い物等）
- 運営推進会議の中止（替わりに書面を配布）
- 生活機能向上連携の中止
- 利用者のマスクの推奨（認知症のため、強制できない）
- 食事中の会話制限（透明アクリル板による接触制限）

・利用者の外食禁止　・スタッフの人混みへの外出控え

・利用者の１日３回の検温実施、アルコール消毒の適宜実施

・スタッフのマスク着用、検温、アルコール消毒の義務

・スタッフの感染予防防護服、ゴーグル、長グローブ、ビニールソックス等の常備

・スタッフによる館内の１〜２時間に１回の空気入れ替え

・スタッフによる館内の消毒（テーブル、手すり、ドアノブ等をアルコール消毒）

　通所系事業については、利用者の利用控えによる減収があり、訪問系事業では訪問スタッフが感染しないように防護することも求められる。防護については、訪問看護ステーションにお願いして、ウイルスをまき散らさないように脱ぎ着するガウンテクニックを身に付けた看護師の方に来ていただき、職員に講義していただいた。こうした取組みもスタッフの感染予防への不安解消になっている。いずれにしても介護・障害事業については、利用者とスタッフ両方の感染予防の対策が必要で、日頃のケアのほかに精神的苦痛と労力が必要以上にかかる事態となっている。そして、さまざまな制限により入居者の生活や利用者の過ごし方に大きな負担を強いる結果となっている。また、生活の質の低下を招いている。具体的には、グループホーム入居者の中には歌うことが好きな人が多く、以前は皆で大合唱になるぐらい大きな声で歌い、スタッフも盛り上げていたが、それができなくなったため、口ずさむ程度にしてもらっている。スタッフは歌詞カードの代わりに新聞や雑誌、塗り絵などを利用者の近くに置き、気持ちが別のことに向けられるよう工夫をしている。また、散歩の際、ランニングをしている方に気軽に声を掛けていたが、それも避けなければならないので、人と会わないようなコースにしたり、天気が良い日に中庭でお茶を飲む回数も減らしたりしている。このように生活自体が非常に簡素化し、味気ないものになってきている。しかし一方で、これまでの日常とは別のことをしなければならない

からこそ見えてきた発見もあった。歌が大好きな利用者が素晴らしい塗り絵を完成させたり、これまで触れていなかった雑誌を熱心に読んだりされている姿が、別の一面を見つけられるきっかけにもなっている。

　法人内においては、認知症カフェが2021年３月いっぱいまで開催中止との行政からの指示があり、毎年恒例の秋祭りを中止、町内の住民を招いて行っていた年１回の芋ほり収穫祭を芋の配布だけにした。また、「地域みんなの交流の家」で行っていた手づくりランチ、健康弁当がコロナの広がる前から利用の減少が始まっていたため、思い切って閉じることにした。高齢者、障害者のための福祉移送サービスは、コロナの影響をもろに受け、利用の大幅ダウンとなり、2020年中の廃止を決定した。

　家族との面会についても制限しており、現在は月１回まで、面会者には消毒・検温・マスク着用をしてもらい、玄関で10〜15分程度の面会としている。2021年２月からはリモートで面会できる仕組みも整備し、利用者の家族全員に対して、対面もしくはリモートによる面会のどちらが良いかアンケートをとり、希望を聞いて行っている。

　一番心配なことは、当法人の入居系事業であるグループホームの利用者に感染が発生した場合の対処である。24時間365日、認知症の入居者をお預かりする中で、感染を広げないための方法は、心配な症状がある場合にただちにPCR検査を実施して感染の有無を明確にすることと、陽性が判明した場合にただちに入院をさせてもらうことである。その理由は、認知症の人を個室に隔離することは難しく、グループホームの館内はどこも面積的に余裕がないため、その狭い空間をゾーニングするということも困難であるからである。ひとり感染者が出ただけで、またたく間に感染が広がりクラスターが発生するのは免れない。また、先日、グループホームの利用者が、38度の熱があり足が痛いと訴え、発熱外来でPCR検査を受けてホームに戻ってきた。調査結果が出るまでは、４〜５日間スタッフは、フェイスシールド、マスクを二重にする等の感染

対策を十分に行い、食事を部屋で摂ってもらうなどの対応をした。結果は陰性で偽痛風による発熱だったが、それまでの間、利用者やスタッフの濃厚接触者への対応の検討、病院へ付き添う職員や車も感染対策を十分にするなど、神経をすり減らしながら時間・労力を費やした。以上のことから、検査と入院のスピーディ化を国と県、保健所にはぜひ実施して欲しい。認知症という症状の方をみるという特殊な現場であるからこそ、グループホームでの新型コロナ発症は最大限の注意を払い、行政にも最大限の対策をお願いしたい。少なくともワクチンや治療薬ができるまでは…。しかし、新型コロナはまだ未知の感染症であり、ワクチンができても完全に封じ込めができるかは定かではない。

(2) 利用者が人との関わりをどう保つか

　これからの認知症ケアや障害者ケアを考える時、展望より不安が大きい。人と良い関わりをもつことで症状が安定する「認知症」や「障害行動」を感染症の心配から、人との関わりを制限されるという環境の中で、どのようにケアをしていくのか？　当法人の活動の継続はどのようにして行けばいいのか？

　認知症の人や障害を持った人は、他者と良い関わりを持つことで症状が改善していくことが多い。認知症といっても、たとえばアルツハイマー中期になると幻視や暴言、イライラしたりすることが多くなったり、レビー小体型認知症はもっと複雑な症状になったりする。その人の症状に合わせて、やわらかい表情を持って、落ち着けるように声をかけることが基本的な姿勢であるため、一番重要な表情をマスクで覆われていることは、認知症ケア・障害者ケアにとっては大変な弊害となっている。利用者には、表情をカバーするために全身を使って誠心誠意アプローチを続けている。また、アクリル板の設置や部屋での隔離生活について、理由を何度説明しても理解できなかったり忘れてしまったりするので、こうした状況の中で認知症の利用者が正しい日常を送るというこ

とがいかに大変かということも痛感させられている。

　しかしながら、私たちのケアは、利用者の状況を確認しながら、自分たちのケアがこれで本当に合っているのかを常に検証していかなければならない。利用者は私たちのケアの鏡である。

　スタッフの間でもコロナに対する価値観は異なる。罹患を恐れるあまり過剰反応・過剰防衛と思われる発言をするスタッフもいる。そういった場合には、スタッフに伝わる言葉で丁寧に説明し、未知の感染症を一緒に経験するという、まさにその時間を大切にすることが重要と考えている。その時にお互いがぶつかり合い、結論が出なかったとしても、時間が経ち結果が出れば、修正が必要なのかあるいは当初の方法で正解だったのかがわかる。誰も経験したことのない未知の状況だからこそ、「時間」が利用者・スタッフとの経験と結果をもたらしてくれるということを信念として、今後も当法人の活動を続けていきたい。

　現在、当法人設立20周年を記念するパンフレットを16ページで作成中で、完成した暁にはこのパンフレットを全市内に配布したいと考えている。NPO法人としてのこれまでの活動と現在行っている取組みを市民の皆さんに知っていただくとともに、当法人の活動の節目にできればと考えている。

第**4**章
高齢者の生活を支える仕組み・技術

1 高齢期の住まいと居住支援の動向

井上由起子（日本社会事業大学専門職大学院教授）

1. 「住まい」への関心の高まり

　地域包括ケアの実現にあたっては、基盤としての「住まい」を保障することが欠かせない。「福祉は住宅にはじまり住宅に終わる」という言葉をご存知だろうか。北欧で掲げられているスローガンであり、住まいが安定しないと生活全般がぐらついてしまうことを示唆している。

　コロナ禍では、収入が減り、家賃の支払いに困窮する世帯が急増している。厚生労働省では住居確保給付金で困窮世帯の家賃の支払いを支えているが、働く高齢者が増えているなか、この制度を利用する高齢世帯も少なくない。

　厚生労働省と国土交通省は、介護と困窮の両方の視点から高齢者の住まいに関するさまざまな施策を打ち出している。介護保険施設や高齢者住宅といった特別な住まい、民間賃貸での居住支援、公的賃貸における居住継続、生活困窮者自立支援法における居住支援など、その範囲は多岐にわたる。

　本稿では高齢者の住宅事情を概観したうえで、高齢期の住まいを①民間賃貸における住宅確保と居住継続、②公的賃貸における居住継続、③特別な住まいの仕組みと課題、この3点から概説する。

2. 高齢者の住宅事情

(1) 住宅の所有形態

　まず、高齢者の住宅事情を確認していこう。図1に世帯の持家率を示す。日本の持家率は約60％で、ここ20年間大きく変わっていない。高齢

図1. 高齢世帯の住宅所有形態

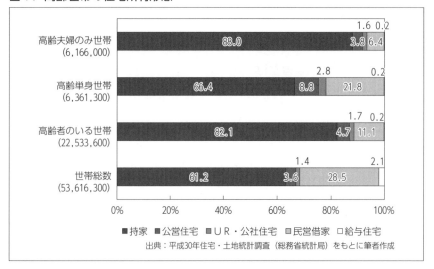

出典：平成30年住宅・土地統計調査（総務省統計局）をもとに筆者作成

者のいる世帯の持家率は82.1％と高く、中でも高齢夫婦のみ世帯の持家率は88.0％に達している。これに対し、高齢単身世帯の持家率は66.4％と低く、残りの33.6％は借家に暮らしている。

(2) 賃貸住宅の家賃負担

借家は公営住宅、UR・公社住宅、民営借家、給与住宅の4つに分かれる。公営住宅は所得が一定以下の世帯向けの住宅であり、所得に応じて家賃が減免され、手頃な家賃負担で住むことができる。これに対し民営借家は全額自己負担で、家賃負担が重い。

借家に暮らす高齢単身世帯33.6％の内訳は、公営住宅が8.8％、UR・公社住宅が2.8％、民営借家が21.8％、給与住宅が0.2％である。民営借家が大半を占めることがわかる（図1）。家賃の平均額は約4.1万円（2018年、住宅・土地統計調査）だが、低廉な物件は公営住宅に集中しており、民営借家は3〜8万円にボリュームゾーンがある。仕事を引退して年金生活に移行すると、民営借家層の家賃は家計に重くのしかかっ

てくる。

3. 民間賃貸における住宅確保と居住継続

(1) 住宅確保要配慮者とは

　立ち退きを求められている、手頃な費用負担の賃貸住宅へ転居したい、足腰が衰えたのでアパートの1階に移りたい、病院やスーパーへのアクセスが良いところに引っ越したい。こうしたニーズがあるにもかかわらず民営借家を借りることが困難で、住宅確保がままならない人達がいる。彼らを住宅確保要配慮者と呼ぶ。

　住宅確保要配慮者の範囲は住宅セーフティネット法で、低額所得者（月収15.8万円以下）、被災者、高齢者、障害者、子育て世帯、外国人等と定められている。このほか各市区町村が地域の実情等に応じて児童養護施設退所者、LGBT などを加えることもできる。住宅確保要配慮者の中で最もボリュームが大きいのが、高齢単身世帯をはじめとする高齢世帯である。

(2) 家主（大家）の事情

　地域包括支援センターや居宅介護支援事業所で相談業務にあたっていると、新しい賃貸住宅に移りたいけれど不動産会社で断られて困っている、といったことを耳にしたことがないだろうか。

　民営借家の家主（大家）は彼らの入居に対して拒否感があり、入居を制限しがちである。その理由として、家賃の支払いに対する不安、保証人や緊急連絡先がないことへの不安、居室内での孤独死、死亡に伴う残置物（家財道具など一式）の処理の煩雑さなどが指摘できる。孤独死が発生した住戸は事故物件となり次の借り手がなかなかつかず、また、発見までの日数がかかると内装一式の取り替えが必要となり多額の費用がかかってしまう。こういった事情から家主は入居を拒否する傾向にある。

この状況を解決するための取組みが居住支援である。地域移行や在宅ケアの進展と相まって、近年、関心が高まっている。ここまでの解説からも明らかなように、居住支援は住宅を借りたい高齢者、住宅を貸す家主、その双方に対して働きかけることがポイントである。

(3) 居住支援の仕組みと流れ

　高齢者の民間賃貸への入居支援を行う際の具体的な流れを解説する。図 2 に示すように居住支援は住宅確保と居住継続の 2 つから構成される。居住支援とは住宅の確保にとどまるものではなく、安定した生活を継続していくための伴走的支援を含めた概念である。

①住宅確保

　相談窓口にて、本人の生活全般の状況を確認し、現在の住まいの様子、希望する住宅の間取りや立地や家賃などを聞き取り、支援プランを作成する。不動産会社での物件探しは、本人に同行する場合と支援者が単独で行う場合の両方がある。いずれの場合も、支援者は本人の希望を

図 2. 居住支援の仕組み

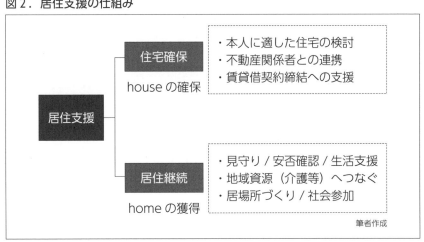

筆者作成

わかりやすく伝える代弁機能を果たしている。不動産会社はビジネスとして仲介業を営んでいる。よって、家主（大家）の不安を取り除くために、どのような保険商品やサービスメニューがあれば契約に至るのかという視点で交渉にあたることが基本となる。物件探しと並行して、本人に対しては契約に必要な書類手続きや保証人や緊急連絡先確保などの支援を行う。

　住宅確保の側面では、身元保証や賃貸借契約など不動産に関する知識が幅広く求められる。不動産仲介の事情を知ることも欠かせない。地域には多数の不動産会社が存在するが、信頼関係を蓄積し、居住支援に理解を示す不動産会社を増やしていくことが大切である。

②居住継続

　相談窓口で本人の話を聞いていると、身体機能が急激に低下している、不規則な生活を送っている、家族関係に課題があるなど、生活全般に対する支援を必要とする場合が少なくない。こういった場合、物件確保と並行して、見守りや安否確認や生活支援といった介護保険の手前で必要となる個別支援の調整、介護保険や生活保護などの分野別サービスの調整などを行い、転居先での生活がスムーズにスタートできる支援を行う。引っ越した後は、地域での居場所や社会参加の場づくりなどを行う。居住継続の側面では、介護保険や生活困窮者支援や社会参加など福祉に関する知識が幅広く求められる。

(4) 生活困窮者自立支援法、生活保護法と居住支援

　高齢者の居住支援を行っていると介護保険に加えて、生活困窮者自立支援法の各種プログラムを活用することも多い。低所得な高齢者の場合、生活保護や生活困窮者自立支援法の対象となることも少なくないからである。

　生活保護の対象となった場合、家賃（住宅扶助）と共益費（生活扶

助）について、福祉事務所による代理納付が可能となっている。これにより、家賃未払いに対する家主（大家）の不安は払拭される。ケースワーカーがついていることも1つの安心材料になるだろう。

　生活困窮者自立支援制度の中には、居住支援と関係が深いプログラムとして住居確保給付金と一時生活支援事業がある。住居確保給付金とは、たとえば、解雇により家賃の支払いが困難になった際に、再就職までの一定期間、家賃を給付する仕組みである（コロナ禍で利用が急増している）。一時生活支援事業は、その日の食事と宿がないという緊急事態に際して、一定期間、シェルターなどで衣食住等の支援を提供するものである。シェルターなどに一時的に住み、その間に就労先と住まいを確保していく。

(5) 居住支援協議会と居住支援法人

　居住支援は、社会福祉関係者と不動産関係者という業界を超えた多職種連携にほかならない。入居を拒まない賃貸物件の確保、住宅を貸す家主（大家）の負担を軽減する仕組み、住宅を借りたい利用者への支援など、これらの体制を総合的に整えないと居住支援は実現できない。

　支援を組み立てる際に、居住支援特有の社会資源として重要な役割を果たすのが居住支援協議会と居住支援法人である。

　居住支援協議会とは地方公共団体、不動産関係団体、居住支援団体などが連携するためのプラットフォームで、各団体の情報交換、住宅相談会の開催、家賃債務保証や安否確認サービス等の紹介などを行う。2020年9月末時点で47都道府県と53市区町村で設立されている。

　居住支援法人とは住宅確保要配慮者の居住支援に取り組む団体で、都道府県が指定する。2020年9月末時点で350法人が指定されている。法人が住戸をサブリース契約し見守りと生活支援をセットで提供する社会福祉法人、住まいの確保と住まい方の包括支援を行う社会福祉協議会、入居や生活に関わる費用確保の支援を行いながらホームレスの自立支援

を行う NPO 法人などさまざまな団体が指定を受けている。居住支援を行う際の情報収集の場として、あるいは、具体的な支援の連携先とし、市町村の居住支援協議会と居住支援法人を把握しておくと良いだろう。

4. 公的団地における居住継続

(1) 公的賃貸住宅の高齢化

公的団地には公営住宅、UR 住宅、公社住宅の 3 つがある。民間賃貸住宅に比べると家賃は手頃である。しかし団地での居住継続には大きな課題がある。

第一に団地の高齢化が著しく進んでいることである。世帯主が65歳以上の世帯は50%を超えている（高齢者住宅財団、2020）。第二にエレベーターがない等住み続けるための物的環境が整っていないことである。築年数の古い団地を中心に 5 階建てでもエレベーターがないことが多く、外出機会が買い物や通院などに限られ、生活の不活性化が懸念される。第三に生活に余裕がない者が集住していることである。

これらの理由により団地の自治会活動の担い手が不足し、見守りをはじめとした住民の助け合いなどの互助が機能しにくいことが大きな課題となっている。そんなこともあり、築年数の古い大規模団地では、毎年のように孤独死が発生している。

(2) 公営住宅における取組み

団地の管理主体はこのような状況に危機感を覚え、住民の自治会活動を支援するとともに、独自にさまざまな取組みを行っている。具体例をいくつか紹介しよう。

都営住宅では、住宅管理（家賃支払いの書類提出サポートなど）に付随させながら、職員が 2 ヵ月に 1 回の頻度で住戸を訪問する巡回管理人制度を導入している。2 ヵ月に 1 度の頻度であるため日常的な見守りとは言い難いが、同じ職員が住戸まで訪問し、さまざまな相談に対応し、

地域包括支援センターや行政や親族などへつないでいる点は評価できる。なお、管理会社の仕事は住宅の維持管理であり、居住者の生存確認について法的責任はない。社会資源が不足し、目の前に困っている居住者がいる中で自主的に行っているものである。

　UR住宅では、建て替えの時期を迎えている規模の大きな団地を中心に、余剰地に介護施設や在宅療養支援診療所等を誘致する地域医療福祉拠点化を進め、このような団地を中心に生活支援アドバイザーというスタッフを配置している。生活支援アドバイザーは団地内の管理事務所に常駐し、希望する単身高齢者への電話による安否確認（週1回）、各種相談対応、集会所やコミュニティスペースを活かしたコミュニティづくりを担う。生活支援アドバイザー側でイベントを企画することも少なくないが、居住者主催のクラブ活動立ち上げ支援なども行い、居住者自身による活動の活性化を目指している。

　このほか、多くの公的団地で、コミュニティスペースを整備する取組み、相談機能を備えた居場所事業を行う取組み、コミュニティスペースで地域向け食堂や体操教室を総合事業の一貫として行う取組みなどが増えつつある。

(3) 居住継続と地域福祉

　ここまでの記述からも明らかなように、公的団地の管理主体による取組みは個別支援とコミュニティ形成支援に大きく分かれる。個別支援とは、安否確認や緊急通報などの見守り、暮らしに関する相談窓口と専門機関へのつなぎなどを指す。コミュニティ形成支援とは、自治会活動のサポート、集会所などの整備とそこでの各種プログラムの開催などである。いずれも、虚弱から要支援の段階でニーズが高いものであり、決め手となる制度がなく、互助や自助に期待される内容ともいえる。これらは地域福祉で語られる内容とほぼ同じであるし、介護保険の総合事業で行う内容とも重なっている。

地域福祉や総合事業の内容を公的団地の管理主体のみに任せてしまうのは適切だろうか。答えはもちろんノーである。たとえば、公的団地が保有する集会所やコミュニティスペースは一般介護予防事業の通いの場づくりで活用することができる。公的団地の巡回管理人や生活支援アドバイザーは、居住者からの相談を福祉専門職へとつなげる方法を模索している。地域包括支援センターや生活支援コーディネーター（地域支え合い推進員）には、公的団地の管理主体にアプローチし、団地という枠組みを超えた地域づくりを目指すことが求められている。双方の強みを活かし、業界を超えた多職種連携を目指す絶好の機会となるだろう。

5. 高齢期の特別な住まい

(1) 全体像

　高齢者の約94％はいわゆる自宅に住んでおり、残りの6％程度が高齢者のための特別な住まいに住んでいる。特別な住まいは、身体機能が自立か虚弱か軽度か中重度か、介護保険サービスが内付けか外付けか、費用負担が低廉か高額か、などの観点から整理することができる。全体像を図3に示す。

　中重度の高齢者向けの特別な住まいには特別養護老人ホーム、老人保健施設、介護医療院（2024年3月をもって廃止が予定されている介護療養型医療施設の移行先として制度化された生活施設）、認知症高齢者グループホームなどがあり、いずれも、介護職や看護職が内付けで配置されている。これらの特別な住まいは対象者像が明確で、A特養とB特養で費用負担が大きく違うこともないため、ケアマネジャーや地域包括支援センターの職員にとっては比較的理解が容易である。

　これに対して、サービス付き高齢者向け住宅や有料老人ホームは、サービス付帯の仕組みや費用負担の仕組みが住宅やホームによってさまざまであるため、利用者やその家族はもちろん、ケアマネジャーや地域包括支援センターの職員にとっても分かりにくい。サービスの質の見極

図3. 特別な住まいの全体像

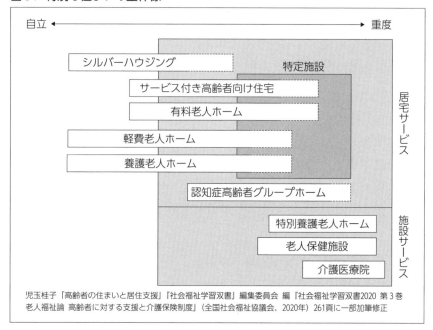

児玉桂子「高齢者の住まいと居住支援」『社会福祉学習双書』編集委員会 編『社会福祉学習双書2020 第3巻 老人福祉論 高齢者に対する支援と介護保険制度』(全国社会福祉協議会、2020年) 261頁に一部加筆修正

めも難しい。以下、サービス付き高齢者向け住宅と有料老人ホームについて詳しく解説する。

(2) サービス付き高齢者向け住宅の概況

　サービス付き高齢者向け住宅は2011年の高齢者の居住の安定確保に関する法律(高齢者住まい法)の改正で制度化された。2020年9月末で25.9万戸が登録され、急速に整備数を伸ばしている。住戸は原則25㎡以上、状況把握と生活相談の提供を必須とする。住宅部分は賃貸借契約を結び、サービス部分はサービス契約を結ぶ。

　住宅に常駐するスタッフが担う状況把握や生活相談には、日々の安否確認、近隣の医療機関や介護保険サービス、地域活動の情報提供なども含まれる。多くの住宅は訪問介護・通所介護・居宅介護支援事業所などの居宅サービスを併設している。特定施設の指定を受け、建物内に介護

職員を常駐させて介護サービスを提供することも可能である。このように、多くのサービス付き高齢者向け住宅は何らかの方法で介護を提供している。その結果、住宅全体の入居者の平均要介護度は2.0程度となっており、介護保険施設よりも軽度で入居できる施設として広く認識されているが、このほかにもアクティブシニア向けの住宅、医療ニーズにこたえて看取りまでを行う住宅などもある。

　費用は家賃、共益費、サービス費（状況把握と生活相談）から構成され、全国平均で月額10万円程度である。家賃は地価と連動しているため、当然のことながら都会は高額で、周縁部は低廉である。東京の生活保護受給者が関東近県の周縁部のサービス付き高齢者向け住宅や有料老人ホームに居住しているのは、このような事情からである。共益費はマンションの共益費に相当するものである。サービス費はスタッフの保有資格、総住戸数、配置時間、配置人数によってさまざまで1.0万円〜7.0万円程度まで非常に幅がある。これに食費を加えると15万円程度がかかり、厚生年金層向けの住宅であることがわかる。

(3) 有料老人ホームの概況

　有料老人ホームには介護付、住宅型、健康型の3タイプがある。介護付は特定施設の指定を受けたものを指す。住宅型は居宅の仕組みを用いたもので、訪問介護・通所介護・居宅介護支援事業所などを併設して、一体的にサービスを提供している。この点はサービス付き高齢者向け住宅と同じである。健康型はごくわずかであり、富裕層向けとなっている。

　費用負担の仕組みは、この10年間で大きく改善された。かつては前払いによる利用契約（利用権方式とも呼ぶ）で事業スキームを構築していたが、サービス付き高齢者向け住宅の普及に伴い、前払金は対価の根拠が明示され、クーリングオフの対象となった。月払いの仕組みも導入され、今日では一部の高額物件を除き、月払いが主流となっている。家

賃、管理費、基本サービス費、食費といったように項目ごとに費用が明示され、同業他社との比較もしやすくなっている。なお有料老人ホーム全体の定員数は50万人を超えている。

(4) 住宅やホームの情報収集

　ホームや住宅を紹介する際には、対象者像や費用負担が住宅やホームによってさまざまであることを念頭に、個々のサービス内容や費用負担の妥当性を確認していくことが欠かせない。

　見極める際の留意点として以下を指摘しておきたい。まず、ホームや住宅に足を運ぶことである。百聞は一見にしかず、現地を訪れることで実態がわかる。紹介事業者を利用する際には、ホームや住宅の事業者団体（高齢者住まい事業者団体連合会）が紹介事業者届出公表制度を創設しており、この届出を受けているかをチェックするといいだろう。詳細はホームページで確認できる。

　ほとんどの場合、こういった住まいへの転居は身体機能の低下に伴って生ずる。当事者である高齢者は身体機能の低下そのものに戸惑っており、どのような住まいが自分に適しているかを自ら判断するのは容易ではない。わかりやすい説明を心がけ、本人の自己決定を支援することが大切である。

参考文献

・井上由起子「単身低所得高齢者の居住支援の現状と課題」『社会福祉研究』第136号（2019年10月号）、鉄道弘済会、39〜48頁
・埼玉県社会福祉士会「実践事例集　住まいから暮らしを支え、自立を支援する」（2013年）
・（一財）高齢者住宅財団「令和元年度老人保健事業推進費等補助金老人保健健康増進等事業　高齢者の見守り等の支援のあり方と人材育成にかかる調査研究事業報告書」（2020年）

高齢者の所得保障 ―年金改革のゆくえ―

中尾友紀 (愛知県立大学准教授)

1. 老後の暮らしと公的年金の課題

　本項では、老後に必要な生活費を確認した上で、その主軸となる公的年金について、まずは近年の給付水準の動向に見る課題を明らかにしていきたい。

　2019年の「簡易生命表」によれば、65歳の人の平均余命は、男性19.83歳、女性24.63歳で、多くの人が定年退職となる65歳から、平均して20年以上の余命がある[1]。老後に必要な生活費が夫婦で月額25万円だとすれば、その20年間で6,000万円が必要となる。加えて、病気やケガで治療や介護が必要となれば、医療保険（75歳以上の人は後期高齢者医療制度）や介護保険を利用しても、医療費や介護費の1割から3割は自己負担しなければならない。

　これに対して、2019年の「国民生活基礎調査」によれば、高齢者世帯の平均所得金額は、312万6,000円で、その内訳を見ると、「公的年金・恩給」が63.6％を占めている[2]。そして、「公的年金・恩給」を受給している高齢者世帯のうち48.4％は、「公的年金・恩給」以外に所得がない[2]。このような状況は、公的年金が老後の暮らしにとって欠くことのできないものであることを示している。

　とはいえ、高齢者世帯の所得を所得金額階級別に見ると、150万円以上200万円未満の世帯が最も多く、積算すると200万円未満の世帯が36.9％を占め、高齢者世帯は他の世帯に比べて低所得の世帯が多くなっ

1）厚生労働省「令和元年簡易生命表」（2020年）
2）厚生労働省「2019年国民生活基礎調査」（2020年）

ている[2]。また、生活保護世帯のうち高齢者世帯だけが年々増加し続けている。2018年の「被保護者調査」によれば、生活保護世帯のうち高齢者世帯が54.1%を占め、そのうち65.0%が公的年金を受給している[3]。

日本の公的年金は2階建てで、1階部分が定額年金である基礎年金（国民年金）、2階部分が報酬比例年金である厚生年金保険となっている。1階部分の基礎年金は、日本に居住する20歳以上60歳未満の全ての人に強制適用される普遍的な制度で、月額1万6,900円（2017年度に固定された額）の保険料を40年間納付すれば、月額6万5,141円（2020年度の満額）の老齢基礎年金が終身で給付される。給付水準は、当初5万円で、元々は1984年度の「全国消費実態調査」から65歳以上の無業の単身者の食料費、住居費、光熱費、被服費の支出合計額（4万7,601円）を割り出し、それと2級地の高齢者の生活扶助額（5万3,369円）を突き合わせて決められたという。つまり、40年間保険料を納付しても、最低生活費を下回る額でしかなかったことがわかる。

2018年度末の平均年金月額を見ると、老齢基礎年金は5万5,809円、老齢厚生年金は基礎年金を含んで14万5,865円であった[4]。平均の老齢基礎年金が満額より1万円以上も低いのは、定額年金といいながらも、未納や免除の期間があるとその分が減額されてしまうからである。OECD加盟国の公的年金を見ると、大半の国では、資力テスト付き給付との組み合わせによる保障を含めて、1階部分の年金で、事前に政府が定めた基準額（最低給付）を保障する仕組みを有している。しかし、日本の基礎年金にはそれがないために、「被保護者調査」に見るように、公的年金の受給者でも生活保護の受給者となってしまうことがある。

しかも、近年、公的年金の給付水準は低下している。というのも、2004年の年金制度改正で、将来の現役世代の負担を過重なものとしないように、保険料水準の上限を2017年以降は固定し、給付をその保険料等

3）厚生労働省「平成30年度被保護者調査」（2020年）
4）厚生労働省年金局「平成30年度厚生年金保険・国民年金事業の概況」（2019年）

から得られる収入の範囲内で行うとして、マクロ経済スライドを導入したからである。マクロ経済スライドとは、公的年金の被保険者の減少率と、平均余命の伸びを勘案した一定率（0.3％）から計算された「スライド調整率」を賃金や物価による年金額の上昇から差し引いて、年金額を改定する仕組みのことである。年金額は、賃金や物価が上昇するとそれに合わせて増額されるが、マクロ経済スライドが発動されると、上昇した分から「スライド調整率」を差し引くために、その増額が抑制されることとなる。このような給付水準の抑制は今後も続き、厚生年金保険では、現役世代の男性の平均手取り収入に対する標準的な年金（モデル世帯の年金）の比率（所得代替率）が、50％まで低下することが容認されている。

　さらに、介護保険料や後期高齢者医療保険料等は、原則として年金から天引き（特別徴収）されており、その負担が年々増加しているために、それによってもまた公的年金の実質価値は目減りすることとなる。

　2004年の年金制度改正で、年金財政の長期的なバランスが図られる仕組みが導入され、公的年金という制度自体の持続可能性は高まったと言える。そして、今後も、この2004年に確立された年金財政フレームが継続する。しかし、そもそも高齢者世帯の約40％が低所得にもかかわらず、公的年金の給付水準が抑制される一方で、社会保障にかかる負担は増加しており、特に無年金・低年金となっている高齢者世帯の貧困は、ますます深刻さを増していくと考えられる。年金制度はむろん、社会保障全体での総合的な対策が急務である。

2. 「社会保障・税一体改革」における無年金・低年金問題への対応

　前項では、2004年に確立された給付水準を抑制する年金財政フレームが、最低給付を保障する仕組みのない日本の公的年金では、無年金・低年金問題をますます深刻にしてしまうという課題を把握した。そこで次に、2008年以降の「社会保障・税一体改革」では、この無年金・低年金

問題を解決するために、どのような政策が展開されたのかについて見ていきたい。

　2019年10月に、それまで4年間延期されていた消費税率の10％への引き上げが実施されると、いよいよ年金生活者支援給付金の支給が開始され、「社会保障・税一体改革」が完了した。同改革では、急速に進む少子高齢化で増大する、将来世代への負担のこれ以上の先送りを回避するために、消費税率の引き上げによる増収分を全額、社会保障の財源とすることで、社会保障の充実・安定化と財政健全化を同時に実現することが目指された。この一環として2012年に成立したのが、年金機能強化法、被用者年金一元化法、年金生活者支援給付金法等である。これらの法によって、基礎年金の国庫負担割合2分の1の恒久化、受給資格期間の10年への短縮、短時間労働者への厚生年金保険の適用拡大、被用者年金の一元化、年金生活者支援給付金等が実現した。

　「社会保障・税一体改革」は、元をたどれば、自民党および公明党政権下の2008年に設置された社会保障国民会議における議論に始まっている。同会議では、「社会保障の機能強化のための改革」として、高齢期の所得保障のうち「無年金・低年金問題への対応」では、「基礎年金の最低保障額の設定」等の措置を検討すべきだと提言していた[5]。その議論は、民主党政権下の2011年に設置された政府・与党社会保障改革検討本部に受け継がれた。同本部が作成した「社会保障・税一体改革大綱」では、「『所得比例年金』と『最低保障年金』の組み合わせからなる1つの公的年金制度に全ての人が加入する新しい年金制度の創設」の実現に取り組むとする一方で、当面の間は、その「方向性に沿って、現行制度の改善を図る」として、「最低保障機能の強化」では、受給資格期間の10年への短縮とともに、低所得高齢者等に対する基礎年金への一定額の加算が提案されていた[6]。つまり、所得比例年金と最低保障年金からな

　5）社会保障国民会議「社会保障国民会議最終報告」（2008年）4頁
　6）閣議決定「社会保障・税一体改革大綱について」（2012年）16〜17頁

る「新しい年金制度の創設」を目指して、まずは低所得者の基礎年金に一定額を加算して、基礎年金の「最低保障機能の強化」を図ろうとしていたのである。

しかし、このような民主党による「社会保障・税一体改革」案は、その後の国会審議で暗礁に乗り上げてしまう。結局、与党民主党と野党自民党および公明党による「三党合意」によって、「新しい年金制度の創設」は、社会保障制度改革推進法により社会保障制度改革国民会議を新設して検討するとして事実上棚上げされ、基礎年金への一定額の加算は、年金機能強化法案から削除され、年金とは切り離された「福祉的な給付措置」である年金生活者支援給付金に取って代わってしまった。

確かに、受給資格期間の短縮では、無年金者の約40％にあたる64万人が新たに年金受給者となることができた。短時間労働者への厚生年金保険の適用拡大では、事業主負担によって負担が軽減され、基礎年金に加えて厚生年金保険も受給できるようになるため、将来の無年金者・低年金者を減少させる効果がある。また、厚生年金保険の加入者が増えれば、国民年金の財政状況が改善されるため、基礎年金の水準を維持するのに効果がある。そして、年金生活者支援給付金は、低所得者の公的年金に上乗せして支給されるため、実際に年金が増額となる。

しかしながら、これらによっても、当初、検討すべきだとされた基礎年金の「最低保障機能の強化」には及んでいない。というのも、受給資格期間の短縮は、低年金者を増やしたに過ぎず、短時間労働者への厚生年金保険の適用拡大は、企業規模が厚生年金保険の被保険者数501人以上の企業に限られたために、400万人いると推計された短時間労働者のうち、25万人しか適用対象にならなかったからである。さらに、年金生活者支援給付金は、給付基準額が5,000円と低額になり、支給対象者は、前年までに5回にわたって単発で臨時に支給されてきた年金生活者等支援臨時福祉給付金の約半数に絞り込まれ、結局、低年金でも支給されていないか、支給されても低年金のままだからである。したがって、「社

会保障・税一体改革」が完了してもなお無年金・低年金問題への対応は、引き続き検討が必要となっている。

3. 2020年の年金制度改正

そこで次に、「社会保障・税一体改革」で残された無年金・低年金問題が、2020年の年金制度改正ではどのように解決されようとしたのかについて見ていきたい。

2019年の財政検証を踏まえて、2020年5月に成立した年金制度改正法では、長期化する高齢期の経済基盤の充実を図るために、短時間労働者への厚生年金保険のさらなる適用拡大、在職中の年金受給のあり方の見直し、受給開始時期の選択肢の拡大、確定拠出年金の加入可能要件の見直し等が実施されることとなった。

このような2020年の年金制度改正は、2013年に公表された社会保障制度改革国民会議による報告書の提案に端を発している。同報告書では、「社会保障・税一体改革」で残された課題は、「長期的な持続可能性をより強固なものとする」こと、「社会経済状況の変化に対応したセーフティネット機能を強化する」ことの2つであると整理し、その具体策として4つの検討項目を挙げていた[7]。2020年改正は、そのうち2つ目の「短時間労働者に対する被用者保険の適用拡大」と、3つ目の「高齢期の就労と年金受給の在り方」に対して、本格的に応えたものだと位置づけられる[8]。

短時間労働者の厚生年金保険は、2012年改正により、2016年10月から厚生年金保険の被保険者501人以上の企業に適用を拡大していたが、今回はさらに、2022年10月に101人以上の企業、2024年10月に51人以上の企業に段階的に適用を拡大するとして、そのスケジュールが明記された。これによって新たに65万人に厚生年金保険が適用される。

7）社会保障制度改革国民会議「社会保障制度改革国民会議報告書」（2013年）40頁
8）前掲資料、42〜43頁

そして、「高齢期の就労と年金受給の在り方」については、2つが改正された。1つは在職定時改定で、老齢厚生年金の受給権取得後に、再び厚生年金保険の被保険者となって働く65歳以上の人の年金額について、厚生年金保険における就労継続の効果を早期に実感できるように、在職中も毎年1回定時に、新たな被保険者期間を加えて老齢厚生年金の額を改定するようにしたことである。これにより、就労を継続すると、70歳まで毎年、老齢厚生年金保険の額が増えていくこととなる。もう1つは、60歳から64歳までの在職老齢年金制度（低在老）について、支給停止基準を28万円から、65歳以上の在職老齢年金制度（高在老）と同じ47万円に引き上げたことである。これにより、26万人が支給停止の対象から外れ、所得が増えることとなる。

　高齢者の就労継続と関連する改正としては他に、公的年金の繰下げ受給の上限年齢を現行の70歳から75歳に引き上げ、受給開始時期を60歳から75歳の間で選択可能としている。数理計算としては年金財政中立となっているが、これにより、個人レベルでは最大184％の増額となる。また、私的年金である確定拠出年金についても、企業型確定拠出年金（企業型DC）の加入可能年齢を現行の65歳未満から70歳未満に引き上げ、個人型確定拠出年金（個人型iDeCo）の年令要件を撤廃し、さらに、企業型DCも個人型iDeCoも受給開始時期の上限年齢を75歳に引き上げている。

　以上のように2020年改正は、年金を受給しながら働き続ける人の所得を増額させたり、働き続けることで受給開始時期を遅らせ、年金を増額できるようにしたりと、高齢者の就労意欲を喚起して、自助努力によって個人レベルで無年金・低年金問題に対策することを促していく改正となっている。今後、2004年改正による年金財政フレームの中で、公的年金の給付水準は、現在より20％ほど低下していくことが見込まれているが、それへの具体策は、自助努力の後押し以外には、短時間労働者への厚生年金保険の適用拡大や受給開始時期の選択肢の拡大等により厚生年

金保険の加入者を増やすことに留まっている。

4. 年金改革のゆくえ

　最後に、2019年に始まった「全世代型社会保障改革」について把握した上で、参考としてスウェーデン及びドイツの年金改革を取り上げて、日本の年金改革のゆくえを検討したい。

　2019年9月に全世代型社会保障検討会議が設置され、12月には中間報告、翌2020年6月には第二次中間報告が提出された。これらの報告では、「人生100年時代の到来を踏まえて、働き方を含めた改革」を行い、「子育てや介護など様々な事情の下でも就労への意欲を活かせる社会を作る」こと、「元気で意欲ある高齢者に就業の機会を確保する」ことにより、少しでも多くの「支える側」を増やして「現役世代の負担上昇を抑え」るとしている[9]。特に高齢者については、年齢を基準に「高齢者」と一括りにすることは現実に合わないとして、「年齢ではなく負担能力に応じた負担という視点」で改革が進められようとしている[10]。自助努力を後押しした2020年改正についても、基本的にはこの視点に立った改革となっている。

　ここまで見てきたように、現在の年金改革の主眼は、高齢者を含めて厚生年金保険の加入者を増やすことで、基礎年金の給付水準の低下を防止し、公的年金の所得再分配機能を強化することにある。同時に、高齢者に対する雇用改革としては、高年齢者雇用安定法を改正し、企業には、定年の廃止や延長をはじめとする高齢者への就業機会確保措置を講じるよう努力義務を課している。個人レベルで見ても、基礎年金だけでは最低生活費を割り込む可能性が高くなるが、厚生年金保険が上乗せされれば、それを防止でき、また、増額されれば、低年金となるのを防げるからである。

　9）全世代型社会保障検討会議「全世代型社会保障検討会議中間報告」（2019年）1～2頁
　10）前掲資料3頁

ただし、低年金者の実態を見ると、必ずしも基礎年金のみの人ばかりではない。2018年の「厚生年金・国民年金事業年報」によれば、老齢厚生年金の受給者のうち、基礎年金を含む年金月額が5万円未満の人は約3％、5万円以上10万円未満の人は約21％を占めている[11]。また、2017年の「年金制度基礎調査（老齢年金受給者実態調査）」によれば、老齢年金受給者で収入が100万円未満の人のうち、現役時代の経歴が「正社員中心」および「常勤パート中心」だった人は約24％を占めている[12]。つまり、厚生年金保険に加入できたとしても、その期間が短かったり報酬が低かったり、あるいは国民年金の未納期間が長かったりすれば、やはり低年金のままとなってしまうのである。

　ところで、日本と同様に先進国の多くは、急速に進む少子高齢化と低迷を続ける経済のなかで、持続可能な公的年金を模索している。その1つの解決の方向が、スウェーデンやドイツ等で導入されている確定拠出型の年金である。

　スウェーデンは1999年の年金改革で、定額年金と報酬比例年金の2階建てから、報酬比例年金のみの1階建てへと制度体系を変更し、同時に確定給付型から確定拠出型へと大転換した。新たな報酬比例年金は、賦課方式で運営する概念上の拠出建て（仮想勘定（NDC））制度と、積立方式で運営する純粋な拠出建て（金融勘定（FDC））制度からなる。年金給付は固定された保険料率の範囲で行うとされ、受給する年金は、個人の拠出額が完全に反映されたものとなった。これにより、高齢者の就労意欲も喚起できるようになった。加えて、税方式で運営していた定額年金を廃止し、拠出と給付のリンクを強化したことで、世代間の不公平を解消している。ただし、報酬比例年金は、一定額以上の所得がなければ加入できないために、加入期間が短かったり報酬が低かったりすると無年金や低年金となる。そのため、新たに国庫負担により居住要件に基

11）厚生労働省「平成30年厚生年金・国民年金事業年報」（2018年）26頁
12）厚生労働省「年金制度基礎調査（老齢年金受給者実態調査）平成29年」（2019年）

づく保証年金を創設し、国庫負担を低所得者に重点化して、無年金や低年金の人に対して最低保障を行っている[13]。

　ドイツは2001年の年金改革で、年金算定式を変更し、将来の保険料水準の上限を固定すると同時に、給付水準の段階的な引き下げを行った。加えて、給付水準の引き下げ分を自助努力で補えるように、新たに私的年金である企業年金および個人年金に、助成金や税控除がある任意加入の確定拠出型の年金（リースター年金）を導入した。他方で、2003年には、社会扶助の1つとして高齢期および稼得能力減少・喪失時の基礎保障を創設した[14]。

　そして、2021年1月には、最低35年の資格期間がある低年金者に年金を上乗せして支給し、年金受給者に基礎保障以上の所得を保障する基本年金という仕組みが導入されている。

　2000年代以降、先進国の多くが、公的年金の給付水準の引き下げに踏み切り、高齢期の所得保障における公的年金の役割を縮減する一方で、その補完として、自助努力を後押しするための労働環境や私的年金の整備を進めている。このような動向は日本でも同様だと言える。しかし、日本の公的年金には最低給付を保障する仕組みがないために、公的年金の役割の縮減が、生活保護世帯の増加に直結してしまうことが懸念される。

　現在、次期年金制度改正に向けて、基礎年金の給付水準の維持を狙った具体策として、基礎年金加入期間の45年への延長が提起されているが、基礎年金にかかる国庫負担の確保が課題となって進展していない。かつて2012年の「社会保障・税一体改革大綱」では、低所得高齢者等に対する基礎年金への一定額の加算といった「最低保障機能の強化」と併せて「高所得者の年金給付の見直し」が提案され[15]、年金機能強化法案

---

13) 有森美木『世界の年金改革』（第一法規、2011年）、小野正昭「スウェーデンの年金制度」『年金と経済』（2018年）37巻2号169〜173頁
14) 前掲書、渡邊絹子「ドイツの年金制度」『年金と経済』（2018年）37巻2号121〜125頁
15) 閣議決定「社会保障・税一体改革大綱について」（2012年）18頁

には、高所得者の老齢基礎年金の国庫負担相当額を対象とした支給停止が盛り込まれた。結局、それは削除され、附則に検討規定が追加されたものの、2013年の社会保障制度改革国民会議では、年金課税を見直すべきだとされて立ち消えとなった。無年金・低年金問題には、社会保障全体での総合的な対策が必要であることは言うまでもないが、その前提として、公的なるものが果たす役割の明確化が必要であろう。

3 ロボット技術を活用したポストコロナ時代の介護支援

本田幸夫 （東京大学大学院工学系研究科人工物工学研究センター特任研究員）
足立圭司 （株式会社NTTデータ経営研究所 情報未来イノベーション本部 先端技術戦略ユニットマネージャー）

1. 介護支援の現状と課題

　日本においては、1947年から1949年に生まれた第1次ベビーブームと呼ばれる「団塊の世代」の人たちが2022年から75歳に到達し始め、2025年には全ての「団塊の世代」の人たちが75歳以上の後期高齢者になる。その結果、2050年には総人口が1億人を切り、3人に1人が65歳以上という世界に類を見ない超高齢国家となることが、日本の大きな社会問題となっている。そこで、現在わが国では高齢者の尊厳を保ちながら可能な限り住み慣れた土地で人生の最期まで自立した生活ができるように支援をすることを目的に、地域の包括的な支援・サービス提供体制（地域包括ケアシステム）の構築を推進している。

　しかし、高齢化の進展は全国一律ではなく、特に都市部と過疎地を抱えた地方で状況は異なっている。そのため、地域包括ケアシステムではそれぞれの地域特性を考えた「住まい」「医療」「介護」「予防」「生活支援」の5つのサービスが一体的に提供されるケアシステムを構築していく必要がある。地域包括ケアシステムを有効に稼働させていくためには、介護現場を支える人が重要なキーファクターである。ところが、介護分野における介護を支える人たちの慢性的な人手不足が大きな課題であり、有用な人材の質と量の確保が非常に困難な状況になっている。

　厚生労働省によると2025年の介護を必要とする人と介護をサポートする人、すなわち介護者との需給ギャップは37.8万人に上ると推計されており、2004年から2016年における介護分野の有効求人倍率を見ても、現状でも人手を確保できていない厳しい実態が現実化している。介護現場

における人材確保が困難な理由は大きく２つあると考えられる。一つは介護現場の仕事が人を対象とする仕事のため、作業のスキルが必要であることに加えて仕事量が非常に多い、働く環境が厳しい職場ではないかというマイナスのイメージがある。今一つは、給与水準が他職種に比較して高いとは言えない実態がある。給与に対する評価は難しいが、マイナスのイメージに関しては、誤解も多いと思われるため改善を進めていくことが必要である。介護の仕事というのは、確かに作業のスキルも必要であり仕事量も多いと思われるが、人をケアするという大変重要でやりがいのある仕事であり、スキルに関してはテクノロジーを導入することで介護の専門家でなくとも人のケアに十分対応していくことは可能と考えられる。

　テクノロジーの導入が遅れている要因としては、新しいやり方を導入することへの現場の不安感と、新しいことに挑戦するのは良いこととわかっていても、現場の人たちは「現状は忙しいので新しいことの挑戦はゆとりができてからやれば良い、とりあえず今はこのまま頑張ってやればなんとかなる」と考えて仕事をするという責任感が強いまじめな日本人気質があると思われる。加えて、日本においては人が人をケアするのが当たり前という考え方が強く、人はモノではないので道具を使ってケアをすることへの抵抗感もあると考えられる。そのため、介護現場にICT（Information & Communication Technology）を含んだロボット技術といった最先端のテクノロジーを導入して仕事のやり方を標準化・効率化し改善をしていく活動が積極的に行われてこなかったことが、仕事のやり方が洗練されていない３Ｋ職場（きつい、汚い、危険）というマイナスのイメージにつながっていると思われる。

　一例として、この数年で介護リフトの活用を進めようという機運が出てきた事例を考察してみると日本の実態が見えてくる。介護リフトは、腰痛を未然防止する目的で1998年にオーストラリアの看護連盟から提言されたノーリフティングポリシーが欧米中心に導入されたことに伴い機

器の普及が急速に進んでいる[1]。ノーリフティングポリシーというのは、持ち上げたり運んだりといった介護者に負担の大きい作業を人の力だけで行うことを禁止し、患者の自立度を考慮して介護機器使用による移乗介護を義務付けている強制力のある方針になっている。日本でも厚生労働省が2013年に「職場における腰痛予防対策指針」を改訂して、適用範囲を福祉・医療分野における介護・看護作業全般に広げ、腰に負担の少ない介助方法を加えた結果、介護リフトが認知され普及が進みつつある[2]。

　しかし、介護リフトを導入し始めた時には、人をモノのようにリフトで吊って移動させるのは非人道的ではないか、腰痛の不安があっても全ての人が腰痛になるわけではないし、腰に負担をかけないやり方もあるので、そのやり方を習得すれば良いから、コストがかかるリフトを導入しなくてもこれまで通り人が人を抱え上げて移乗すべきといったテクノロジーを導入して現状のやり方を変えることには否定的な意見も多くあったのである。

　ところが、実際に導入が進むと介護する側もされる側も想像だけで感じていたマイナスのイメージはなくなることが多い。介護される側は人に抱え上げてもらうことへの気づかいがなくなり、さらにはリフトの方が安全だとわかり不安がなくなる。一方で、介護する側は腰痛を心配する必要がなく被介護者とのコミュニケーションにリフト導入前より多く時間が割けるようになる。このようにして、より良い介護ができるようになったというポジティブな評価が広がり現在では普及が進んできている。このように、介護現場にテクノロジーを導入してイノベーションを生み出していくことが、人材不足や働きやすい職場環境を創造していくことにつながり、結果として介護を受ける人にとってはより良い科学的

1) Inga-Lill Engkvist, Evaluation of an intervention comprising a No Lifting Policy in Australian hospitals, Applied Ergonomics Volume 37, Issue 2, March 2006, pp. 141-148
2) 厚生労働省ホームページ：https://www.mhlw.go.jp/stf/houdou/2r98520000034et4-att/2r985200 00034mtc_1.pdf （参照2020年11月8日）

な介護が実現していくのである。そこで、国としてはリフトの導入支援以外にも介護現場にテクノロジーを導入するためのさまざまな取組みを行っており、次項でその事例を紹介する。

2. 介護現場におけるロボット技術導入の現状

　介護分野にICTを含めたロボット技術を核とするテクノロジーを導入する活動は、欧米とともに日本が世界の先頭を走っており、2013年に閣議決定された日本再興戦略に「ロボット介護機器開発5ヵ年計画」が盛り込まれ具体的な活動が開始された[3]。この国家プロジェクト活動では、ICTを含めたロボット技術を介護ロボットとは呼ばずにロボット介護機器と命名して活動を進めている。その理由は、「介護ロボット」とするとロボットが人を介護するといった誤ったイメージが広がることを懸念し、ロボットは人を支援する賢い道具という意味を理解してもらうために「ロボット介護機器」と命名している。本稿では、将来的に介護ロボット技術が介護のみならず在宅での健康維持支援まで幅広く普及していくことを想定をして、ロボット介護機器あるいはICTを含めたロボット技術とさまざまな呼び方をしている。

　いずれにしてもロボット介護機器としては、まず「移乗介助」「移動支援」「排泄支援」「見守り・コミュニケーション」「入浴支援」の5分野に焦点を当てて開発が始まった[4]。開始当初は介護者の身体的負担軽減の実現を目的として開発・実用化が進められたが、その後現場の実態を詳細に調査した結果、認知症ケアや在宅介護、また自立支援等による利用者の生活の質の維持・向上も重要であることが明確になったため、在宅復帰を目指した元気高齢社会を実現するデータドリブン型の科学的な介護を支援する「介護業務支援」を含めた6分野に開発重点分野を拡

　3）経済産業省「ロボット介護機器開発・導入促進事業（開発補助事業、基準策定・評価事業）研究基本計画」（平成26年3月）
　4）比留川博久「ロボット介護機器開発・導入促進プロジェクト」『日本ロボット学会誌』34巻4号（2016年）228〜231頁

大し現在に至っている（図1）[5]。

　その結果、2020年までに93件のロボット介護機器開発を支援し32機種が製品化されている[6]。本プロジェクトで開発されたロボット介護機器の一例を図2に示す。図3、4にロボット介護機器の機能と効果を模式的に示しているが、テクノロジーを導入することで現場の負担感を改善するために、開発だけではなく現場で実証試験を実施し、効果を定量的に評価していく必要がある。そこで、このロボット介護機器の開発・導入・促進プロジェクトは、開発から現場導入までを一気通貫で実行するために、経済産業省が開発を担当し、現場での実証・普及は厚生労働省が支援をして実用化を進めている（図5）。プロジェクトの成果は多くあるが、特筆すべきものとして2つの事例を紹介する。

　一つは、介護分野にロボット技術を導入するための最重要課題である機器の安全の担保についてである。具体的には、日本が主導して介護ロボットを含めたサービスロボットの安全規格であるISO13482を制定したことが挙げられる。国際標準の規格を日本が主導して策定できたことは、介護分野へのロボット技術導入は日本のやり方を模範にすべきであると世界が認めたことであり素晴らしい成果であると考えている。今一つは、介護ロボットの導入を促進するために2018年の介護報酬改定で、介護施設における夜間の人員配置加算として見守りロボットが人の代わりをすることが認められたことである。世界で初めてロボットが介護者のアシスタントとして人の代わりをすることを認める画期的な制度が制定されたのである[7]。

　以上のように開発は順調に進んでいるが、課題は普及促進が遅々として進まない実態にある。理由としては、価格や使い勝手が良くないなど

　5）経済産業省介護ロボット関係のホームページ：https://www.meti.go.jp/press/2017/10/20171012001/20171012001.html（参照2021年3月28日）

　6）介護ロボットポータルサイト：http://robotcare.jp　（参照2020年11月8日）

　7）厚生労働省「平成30年度介護報酬改定の主な事項について」：https://www.mhlw.go.jp/file/06-Seisakujouhou-12300000-Roukenkyoku/0000196991.pdf（参照2021年3月28日）

図1．ロボット介護機器の開発重点分野（6分野13項目）

出典：経済産業省および厚生労働省HPを参考に筆者作成

図2．ロボット介護機器開発・導入促進事業で開発されたロボットの一例

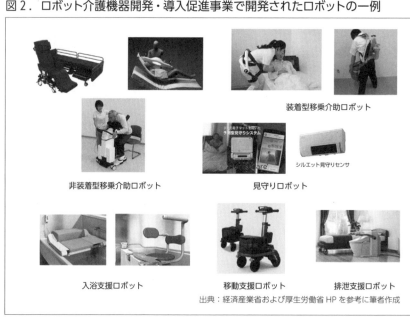

出典：経済産業省および厚生労働省HPを参考に筆者作成

図3．ロボット介護機器の機能と効果・人材需給ギャップへの効果

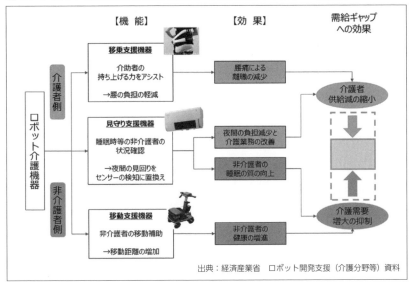

出典：経済産業省　ロボット開発支援（介護分野等）資料

図4．見守りロボットの効果

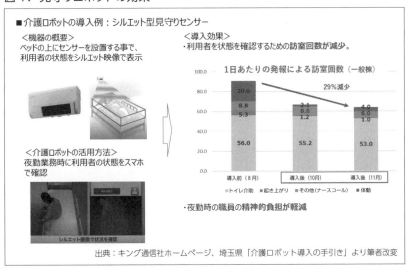

出典：キング通信社ホームページ、埼玉県「介護ロボット導入の手引き」より筆者改変

図5．経済産業省と厚生労働省の連携

出典：経済産業省および厚生労働省 HP を参考に筆者作成

いろいろ考えられるが、大きな問題は2つに整理できる。一つは、介護現場がロボット技術のことをほとんど知らないということである。日本全国を見ても介護現場で利活用されるロボット技術を展示しているところはほとんどなく、展示会に行かなければどのようなロボット介護機器があるのかわからない。そのため、具体的に導入の検討をしようと思っても、どこに問い合わせをしたら良いのか窓口がわからないという実態がある。今一つの問題は、人が人をケアするこれまでの介護のやり方の見直しをせずに、単に介護ロボットだけを導入すると、介護ロボットを利用した介護のやり方に慣れるまではかえって仕事の効率が落ちることがあり、ロボット技術に対するネガティブなイメージが広がってしまうことがある[8]。

　そこで、2020年から厚生労働省を中心に図6に示すようなプラットフォーム事業を展開し普及促進を加速する活動を始めている。この事業は、全国に相談窓口（全国11拠点）とリビングラボ（全国6拠点）を設置し、介護現場や介護ロボットを開発する企業などが気軽に相談に行ける窓口を設置し、現場支援によるロボット技術の普及促進活動を進めている。相談窓口では、介護サービス事業所における介護ロボットやICT をはじめとしたテクノロジーの利活用に関する相談に対し、福祉用具やロボット介護機器の導入活用に精通した専門の相談員が対応するようにしている。その結果、介護施設等から「どのような機器を選べば

8）本田幸夫「介護ロボット」『日本ロボット学会誌』38巻2号（2020年）159〜161頁

図6．介護ロボットの開発・実証・普及のプラットフォーム

出典：介護ロボットプラットフォームのホームページ https://www.kaigo-pf.com/（参照2020年11月8日）

良いのか」「ロボット介護機器を導入したもののうまく使いこなせない」
などの相談が寄せられた場合に、現場の課題分析の支援やロボット介護
機器の導入活用に向けた現場改善プロジェクトの進め方など、それぞれ
の現場に密着し手厚い支援を提供できるよろず相談的な相談窓口の構築
を進めている。また相談窓口には各種ロボット介護機器を展示してお
り、実際に機器に触れて体験することが可能な施設になっている。さら
に、介護ロボットを開発する企業からの相談に対しては、ニーズ面と
シーズ面それぞれの専門知識を持った多様な専門家集団のアドバイスを
受けられるようにして効率的な開発支援が行える体制の構築も図ってい
る。またリビングラボでは、上市前の介護ロボットの製品評価や実証協
力施設の紹介等、手厚いサービスを受けることができるようになってい
る。ロボット介護機器といったテクノロジーを導入して介護現場のイノ
ベーションを生み出すためには、現場密着の地道な活動が不可欠と考え
られ、このプロジェクトはロボット技術の現場普及を目的にした全国レ
ベルの意欲的な活動であり、今後の活動成果に期待をしている[9]。
　一方、ロボット介護機器を現場に定着させるためには機器の導入プロ

セスと機器を使える人材育成も非常に重要である。そこで、筆者の一人が所属するNTTデータ経営研究所では図7に示す「介護ロボット導入の9つのステップ」というロボット技術導入マニュアルをまとめて、現場導入と人材育成のセミナーを実施して普及促進とロボット技術導入というイノベーションの定着活動を進めている[10]。ロボット技術を普及させるファシリテーター人材を育成する教育活動も、上記プラットフォーム事業のリビングラボ、相談窓口の活動に組み入れ有機的な連携でシナジー効果が発揮できるようにして行きたいと考えている。

おわりに

　国の支援によりICTを含むロボット介護機器を開発・普及促進するプロジェクトが開始され7年が過ぎ、さまざまな機器が開発され実用化されてきた。介護現場の人材不足は待ったなしであり、プロジェクト活動の成果の早期普及が喫緊の課題である。前項で説明をしたように日本全国に相談窓口をつくる活動も始まり、普及に向けた手は打たれつつある。一方、新型コロナウイルス感染症のような新たな脅威により人と人との接触が制限される事態が発生し、ロボットやICTなどの新しいテクノロジーの必要性はますます重要になっている。写真1、2は介護現場で使用を検討されている遠隔で操縦するアバターロボットと呼ばれるものである。ロボット技術により除菌などの作業をすることに加えて、人と人との接触が制限されることが常態化する中で老若男女全ての人の心の不安を解消するために、遠隔操作でコミュニケーションや見守りをするこのようなアバターロボットの利活用も重要になってくると予想される。新型コロナウイルス感染症という危機を乗り越えるために、この危機をチャンスととらえてICTを含むロボット技術を積極的に導入普

9）介護ロボットプラットフォームのホームページ：https://www.kaigo-pf.com/ （参照2020年11月8日）

10）埼玉県「介護ロボット導入の手引き」（令和元年度介護ロボット効果実証導入促進事業（株式会社NTTデータ経営研究所）、2020年3月）

図７．介護ロボット導入の９つのステップと課題の見える化

介護ロボット導入の９つのステップ

準備期

Ⅰ．情報収集
Ⅱ．組織全体での合意形成
Ⅲ．実施体制の整備

導入前期

Ⅳ．課題の見える化
Ⅴ．導入計画づくり
Ⅵ．試行的導入の準備

導入後期

Ⅶ．試行的な導入
Ⅷ．小さな成功事例の共有
Ⅸ．本格的導入に向けた手順書・マニュアルづくり

Step1	Step2	Step3
課題の洗い出し	課題の全体像の把握	介護ロボットで解決する課題の特定

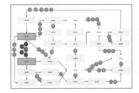

気づきシート※に施設全体の課題を書き出します。

課題を原因・結果・悪影響に分類し、因果関係図※を作成します。

課題に対する打ち手を検討します。介護ロボットの活用という打ち手で最も解決したい課題を特定します。

筆者作成

写真1．見守り・除菌ロボットの例（筆者撮影）

写真2．見守り・コミュニケーションを支援する遠隔アバターロボットの例（筆者撮影）

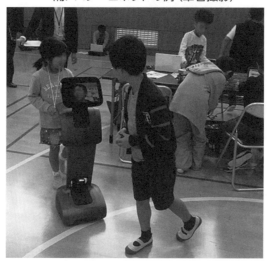

及させることで、ニューノーマルと言われる新しいライフスタイルにもストレスなく対応し、これまでよりも素晴らしい世界に変えていくことが重要である。

　高齢化に加えて次々に発生すると考えられる新型コロナウイルス感染症への対応は、人類共通の大きな課題である。これらの危機への対応策として、日本が高齢社会対応で開発・普及を進めてきたロボット技術には大きな可能性がある。わが国ではロボット技術のさらなる進化と社会実装を目標に2040年に向けた未来社会の在り方を国が未来イノベーショ

図8．ムーンショット計画目標7のイメージ図

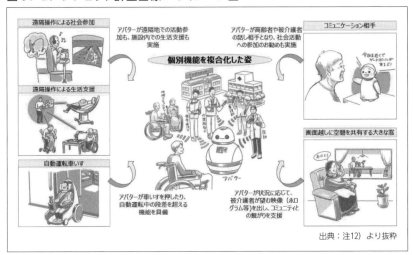

出典：注12) より抜粋

ン WG からのメッセージとしてまとめ、具体的な行動計画としてムーンショット計画の実行を開始している（図8）[11] [12]。これらの活動によって生み出される成果をグローバル展開し、世界中の人がロボット技術を利活用することで長寿高齢社会であっても全ての人が寝たきりにならずQOL が向上し、楽しく幸せに安寧に暮らせる時代が実現することを期待して本節のまとめとする。

11) 経済産業省ホームページ「未来イノベーション WG からのメッセージ」：https://www.meti.go.jp/press/2018/03/20190319006/20190319006-1.pdf （参照2020年11月8日）
12) 内閣府ホームページ：https://www8.cao.go.jp/cstp/moonshot/sub7.html （参照2020年11月8日）

終章

転型期の地域包括ケアシステム

─『渦中八策』を提言─

転型期の地域包括ケアシステム
―『渦中八策』を提言―

村川浩一 <small>（東京福祉大学・大学院教授）</small>

はじめに

2020年代初頭に Pandemic という「妖怪」が立ち現われた。

米国ジョンズ・ホプキンス大学の発表によれば、2021年1月27日時点で全世界の COVID-19罹患者は1億人を突破し、死者は215万7千人に達している。世界規模で人類の生命を脅かし、健康と意欲を失わせしめ、グローバリゼイションを含む世界市場―日本社会経済の根本的停滞を招いている。かかる状況は数年いや中長期に及ぶ、不況と長期停滞をもたらす可能性が高まるものと推察される。

さて本稿では、生命と生活を脅かされつつある日本の高齢者を支援すべく、地域包括ケアシステムの問題点と課題を明らかにし、展望〈希望〉を見いだす「こころみ」の一つである。

1. 地域包括ケアの原理と基本的方法

(1) 地域包括ケアの原理[1]

地域包括ケアシステムの構築に先立ち2009〜10年頃地域包括ケアシステム研究会が設置され（三菱 UFJ リサーチ＆コンサルティング）、私は金井利之[2]東京大学教授らとともに検討に加わったが、まず地域包括ケアの原理について確認しておきたい。

①住み慣れた地域や住まいでの生活継続（欧米では〈Ageing in Place〉エイジング・イン・プレイス[3]というキーワードがあり、

---

1) 村川浩一「地域包括ケア実現へ向けた地域リハ活動の課題と展望・福祉の立場から」澤村誠志監修『地域リハビリテーション白書3―地域包括ケア時代を見据えて』所収（三輪書店、2013年）
2) 金井利之「COVID-19禍（苛）の自治体」現代の理論2020年秋号、『実践自治体行政学』（第一法規、2010年）

総合的な生活支援が大切であること）。

②高齢者の能力の維持とその活用が重要（健康増進 Health Promotion、社会参加 Participation と意欲的活動 Activity を伸展させることであり、リハビリテーション Rehabilitation が大切な要素である）。

③制度の利用者である高齢者本人が多様なサービスの中から必要なものを選択する主体であること（何よりも高齢者のニーズを優先すること〜施設入所の当否を含む）。

(2) 地域包括ケアの基本的態度・方法

日本社会にいつの頃からか「自助・共助・公助」政策論が徘徊している。加えて「互助」なる江戸時代の5人組再来を想起させる、お上のお仕着せで高齢者福祉が賄えるという時代錯誤なケア論（？）が罷り通っている。

私は、以下のように唱えるべきと考えている。

・自助というより、INDEPENDENT（自立）

・共助というより、SOLIDARITY（社会連帯）

・公助というより、RESPONSIBILITY（公的責務・実施責任）

を宣明すべきであろう。

ちなみに、国際連合の高齢者5原則（1999）[4]によれば、①自立（Independent）、②ケア（Care）、③参加（Participation）、④自己実現（Fulfilment）、⑤尊厳（Dignity）、である。

高齢者の基本的ニーズとは、①心身の虚弱（フレイル〜要介護のニーズ）、②低所得（職業生活からの引退〜年金生活に移行、低額年金〜生

3）Anthea Tinker（Professor of King's college）The Elderly in Modern society, 1981 ほか OECD 社会保障大臣会議（1992年）導入演説、大森彌・村川浩一編『保健福祉計画とまちづくり』所収（第一法規、1993年）

4）村川浩一「高齢者福祉の課題と方向」村川浩一、坪山孝、黒田研二、松井奈美編著『高齢者福祉・支援論』所収（第一法規、2009年）

活保護等）、③社会的孤立（一人暮らし高齢者等の増加、孤独〜人間疎外）などであり、これらに対応し、即応できるサービス・システムの開発と確立こそが切望されているのである。

2. 地域包括ケアシステムの問題状況

(1) 地域包括ケアシステムをめぐる基本データ

厚生労働省発表の介護保険関係データを確認しておこう[5]（2020年12月現在）。

- ・高齢者人口（65歳以上）　　3,573万人
- ・要介護・要支援認定者　　　680.4万人
- ・居宅サービス利用者　　　　397.5万人
- ・地域密着型サービス入所者　88.9万人
- ・施設サービス入所者　　　　96.0万人

以上のデータから読み取れるのは、65歳以上高齢者の約19％が要介護・要支援として認定されていること。認定された者の約85％は介護保険制度下のサービス（施設・居宅・地域密着型）を利用しているが、残りの15％は認定されてもサービス利用に及んでいない人が約100万人に及んでいること。その多くは医療機関に入院中と推察されるが、入院外の人びとは保険料は徴収されながらも介護等サービスを利用できていない事情があり、現実には家族介護が継続されている場合、利用者負担をさけたいとする低所得者の利用控えの場合などが推察される。

(2) 介護保険「中間」小括

①介護保険の制度施行20年を経過し、各種サービスの供給総量レベルは、1990年代の到達点と対比するならば、増加を評価できる。

②2007年いわゆる「コムスン問題」等で制度不信が語られた当時、介

5）「介護保険事業状況報告（令和2年12月暫定版）」厚生労働省

護の総費用をめぐって私は「十兆円の壁」を論じた[6]ことがあった
が、現時点の介護総費用は年間12兆円規模に達している。引き続き
高齢者等の保険料水準が問われるところである。

③認知症に係る国家戦略（National Strategy）について先進国と連携
しつつ、国の方策として「新オレンジプラン」(2017年)[7]が打ち出
されたことについては評価に値する。なお、2025年を目途とする、
国内の認知症罹患が700万人規模に達することを予見しつつ対応の
確保が進められているところである。

④ ①でふれた介護サービス供給総量の確保に際して、企業系事業者
の参入は一定程度評価されるものの、サービスの質・量をめぐる諸
事案に看過できないものがある。コムスン社の介護報酬不正請求・
人員基準の不履行、メッセージ社有料老人ホームにおける殺人事件
（管理責任等）、その他大手事業者の事故多発、零細事業者のサービ
ス提供困難・倒産など。ちなみに、各地の有料老人ホーム等では
COVID-19に感染している施設が少なくないと聞いている。

⑤前項の不祥事と関連するが、利用者の基本的人権を脅かす動きや、
高齢者虐待防止法違反ないし抵触の事例が少なくない。

⑥根本的かつ決定的問題として、介護労働力の不足とその対応があ
る。すでに外国人介護労働力の導入（EPA、特定技能実習生など）
が現在進行中ではあるが[8]、人材確保の課題は全国的に焦眉の事項
である。

⑦要介護認定に係るさまざまな論点があり、要支援者については、市
町村の総合事業に再編される方向にあるが、制度変更後の市区町村
の対応には温度差があり、要支援者やフレイル高齢者への積極的対

6）村川浩一「福祉国家・福祉社会への針路を明示せよ—格差解消・QOL向上に向かって」『月刊総合ケア』2007年11月号（医歯薬出版）
7）認知症施策推進総合戦略（新オレンジプラン）厚生労働省
8）村川浩一「外国人介護労働者の受入れに寄せて——共生・友愛の理念を掲げて」神村初美編『介護と看護のための日本語教育実践』（ミネルヴァ書房、2019年）

応は不十分と言える地域が少なくない。従前の老人保健法（医療等
以外の保健事業等＝予防）や老人福祉（在宅福祉・生活支援事業）
の経緯に留意しつつ、納税者（年金受給者も）ならびに保険料負担
者への反対給付（保険外サービス）は丁寧に考慮され、保障される
べきであろう。

(3) 地域包括ケアシステムの具現化をめぐって

　2013年度以降、①住まい、②医療、③介護、④予防、⑤生活支援等を
構成要素として、地域包括ケアシステムの具現化が進められている。そ
の「ポンチ絵」は一見わかりやすいが、各分野の展開と連携、費用負担
の不明確等に問題が投げかけられている。

　第1は、〈住まい〉をめぐる問題点である。読売新聞2021年1月1日
朝刊で指摘されている「サービス付き高齢者住宅」についての基本運営
に関わる問題がある。利用者にとって高上がりな月額負担に加えて、
サービス利用が円滑でないことである。ところで英国のケア付き住宅
（Sheltered Housing）や、スウェーデンのサービスハウス（Ser-
vice Huset）が成功を得たのは、公営または公的住宅であって比較的低
家賃、かつ関連サービス（機関）との連携が十分に確保されていたから
である。

　第2に多様な介護サービスの中でも基幹的な「在宅3本柱」が構造的
に不安定化していることである。介護保険施行当初から手薄な〈短期入
所〉（災害発生時の緊急入所にも活用しうる）に加えて、〈訪問介護〉の
動向である。介護サービスの効率化・生産性論が2015年の介護報酬改定
頃より強調されているが、サービスの担い手と受け手の生活と人格を否
定するような、サービスの分割化が推進されている。介護ヘルパーの一
部から国家賠償法訴訟が提起されたと聞いているが、在宅高齢者の生活
支援の基幹的役割を果たすホームヘルプサービスの意義、高齢者のニー
ズ、および従事者の賃金水準・労働条件・福利厚生等を再確認する必要

がある。併せて介護報酬における人件費比率の改定を含めた介護基盤の再構築が求められているのではなかろうか。これらを怠ると新型コロナ〜医療「崩壊」現象に続いて、介護「崩壊」＝慢性的人員不足（サービスの質と識見を有するサービス提供責任者の適材確保を含む）〜中小事業者の撤退・倒産を惹起することになるだろう（訪問介護分野に外国人材の活用は不向きである）。

　第３に、〈予防〉サービスに伴う保健師の確保等（過去20年の都道府県・指定都市の保健所統廃合等「行革・効率化」はCOVID-19に暗黒の影響をもたらしている）。民営化の限界を認知すること（企業系民間事業者では自社の利益確保優先・内向き志向＝連携に不向きなのである）。

　第４に〈医療〉ポスト・コロナ時代の地域医療の変容をふまえての介護と医療の連携と推進はスローガンに止まるものではなく、まさにエッセンシャルワークの具体的ツールとしなければならない事項である。

　第５に、〈生活支援〉こそが第一義的に位置づけられ構築される事項であり、日常の消費生活を含む高齢者＝生活者重視の地域包括ケアシステムづくりが肝要であって、図上プランに止まってはならない。

3. 地域包括ケアシステムの再構成

(1) 制度変更の帰結＝「全世代型社会保障」は妥当か

　第２次大戦直後、英国では「ゆりかごから墓場まで　From the Cradle to the grave」が掲げられ福祉国家が方向づけられたが、「全世代型社会保障」の意図するところは何か。

　ズバリ解読するなら、高齢者への年金・医療等の給付を抑制し、別途給付への「付け替え」が企図されているということになる（年金の給付抑制は介護財源のshortageに直結）。今、幼児教育の無償化が取り組まれているが（本稿脱稿時、全国私立幼稚園連合会で数億円の不正出金発覚）、真に必要な事項は、０〜２歳時保育の拡充と負担軽減なのであり、次節の「渦中八策」の第７項に記したとおりである。

日本国憲法第25条第2項にある「社会福祉、社会保障及び公衆衛生の向上及び増進」を完全に実行する方途を示すことが国の必須の責務と言えよう（焦点を欠いた「全世代型〜〜」は空疎なものとなろう）。

(2)「新しい日常」と地域包括ケアシステムの転換

　COVID-19については、WHO（世界保健機関）からの提言もあり、①社会的距離をとる、②手指や顔を洗う、③マスクを装着する等に加えて、諸外国ではLOCKDOWN（都市封鎖）が行われている。

　ローマ教皇・フランシスコは、2021年頭演説でパンデミックに関し「利己主義や浪費の文化に支配された生活スタイルの中にひそむ危険と負の影響に光をあてることになりました」と語り、国際社会が「より人間らしく、公正で、互いに支え合う平和な世界」を築いていく[9]と話されている。

　日常生活の新しいスタイルが現在の高齢者層に浸透することは容易ではないと筆者は見ているが、当面は施設・居宅の両面で保護的な対応が不可避であり、高齢者のCOVID-19感染の防止および重症化率の低位、ワクチン投与等が軸となろう。また、高齢者多数Majorityの特質は、次の3項目すなわち、①虚弱フレイルから要介護状態のスペクトラムにあること、②現役時代と異なり低所得＝（デフレ経済下）低額年金生活者であり、③独居生活者が急増して孤立化・疎外感の強い生活状況に置かれているのである。したがって保健・医療・介護・福祉、まさにエッセンシャルワークを必要不可欠とする生活者集団（階層）といえるのである。

　なお、認知症の高齢者については、新型コロナウイルスに罹患しても、また、がん（新生物）を発症しても症状等を強く訴え出ることが困難な状況にあることが懸念される[10]（本書第3章・須貝論文参照）。

9）フランシスコ教皇：より良い世界への変革を（カトリック新聞2021年2月21日）

認知症者700万人時代に向かって2025年をサブゴールとして高齢者の
ケアサービス形成が進行していることを多としつつも、筆者は次節「渦
中八策」では地域包括ケアシステムの構造転換を求めるものである。

(3) 「新しい日常」の担い手とは

　新しい日常生活は、為政者や医学の大家から「下賜」されるものでは
ない。筆者の専門とする社会福祉の分野では、今日、シチズンシップ
（Citizenship）モデルとする人びとの主体性を尊重する視点・方法が重
視されている。そこで、筆者が期待するのは、現在15〜45歳の一世代
Generation が修学を経て安定的な雇用機会を確保し、子ども2〜3人
を抱える家庭を形成できる、所得・低家賃住宅（公営＋UR 等）・子ど
も手当等を保障するシステムの確立である。

　第2次大戦直後の日本の社会・経済が取り組んだのは傾斜生産方式で
あったが、復興〜長期循環を経てたどりついた日本社会が直面し打開す
べきは、他力本願「右や左の旦那様」如き観光立国ではない。日本社会
を継承する次世代への包括支援＝21世紀後半の QOL 日本社会の人材育
成への本格的投資に今こそ着手すべきと考えるのは私一人であろうか。

渦中八策[11]－21世紀型社会保健政策の提案
(1) Pandemic〜COVID-19対応戦略

・2020年から数えて3〜5年以上、中・長期的対応の必要あり。

・PCR 検査の徹底、適正なワクチンの普及、後遺症のリハビリテー
　ション、更に本格的治療薬の開発〜政策投資（場当たり的でない戦
　略対応を）。

10）Taking about cancer and dementia, Alzheimer associasion, UK 2019 Understanding late stage
　　dementia, Alzheimer associasion, UK
11）野口武彦『幕末バトル・ロワイヤル』（新潮社、2007年）より、「…船中八策…」参照。

(2)〈都道府県医療計画〉[12]抜本改訂

・今次感染症の動向等をふまえ、感染症病床の増床・適正確保（国公立〜公的病院を軸に病床確保と、保健所体制の再構築）

・OECD 基準を参考に精神病床を削減し[13][14]、地域移行を継続しつつも各都道府県毎に介護老人保健施設・養護老人ホーム・救護施設への移行を利用者のニーズに即して整備する。

(3)〈医療福祉構想〉への再構成

・上記 2 項目を合意して、「地域医療構想」については2030年代の保健医療・福祉介護を構想すべきであろう。

・その際、国は保健医療〜介護福祉のグランドデザインを明示することが要請される。

(4)〈年金改革〉高齢者等の経済生活基盤の確保

・国民年金（基礎年金）をスウェーデン型「最低保障年金」への改革（関連して、厚生年金を現役世代のニーズに合わせ、所得比例年金への改革なども検討へ。本書第 4 章・中尾論文参照）。

・日本経済の長期停滞状況[15]、その停滞要因は明らかに「過少消費」であり、高齢者・国民に切実な過少消費の状況を打開し根拠薄弱な「成長」[16]路線にピリオドを打ち、経済の新方向を模索すべきか[17]。

・一部にベーシック・インカム論あるも財源・システムの機運熟さず、当面の年金改革を怠ると、生活保護300〜500万人時代を迎えることになろう。

---

12) 尾形裕也「医療計画とリハビリテーション」『総合リハビリテーション』2020年10月号（医学書院）
13) OECD「日本の精神医療は他国に比べて「脱施設化」の点で遅れをとっている」（2014.7.08）
14) 日本医師会「病床数の国際比較」（2021.1.20）
15) 小川一夫『日本経済の長期停滞』（日経 BP、2020年）
16) S.ラトゥーシュ『脱成長（文庫クセジュ）』（白水社、2020年）
17) 榊原英資、水野和夫『資本主義の終焉、その先の世界』（詩想社、2015年）

(5) 〈住宅政策〉再構築（サービス付き高齢者住宅[18]の資源活性化 ＝公共セクターに移行）

　英国のケア付き住宅・スウェーデンのサービスハウス等の成功事例の教訓に学んで、公共住宅として比較的低家賃かつ関連サービス（機関）との連携を確保することである（国内のケアハウスや高優賃・高専賃、自治体の開発した高齢者住宅など利用者視点からの構築が基本）。

(6) エッセンシャルワーク（基幹的社会サービス＝社会的必要労働）を確認して、保健医療及び福祉介護を軸とする2030年代に向けての〈地域包括ケアシステムの再構築〉

・介護保険施行22年を数え、数次の一部改正による補足があるとはいえ、認知症グループホームの拡充の他、複雑な各種サービスを再構成し、地域・在宅の基幹サービス＝〈訪問介護〉及び〈短期入所〉を軸に再構築する。

・各方面から注目される介護報酬の改善を図るべき論点は多いが、人件費比率を抜本改定する（目安：訪問系85％、通所系80％、入所系75％等）。

・外国人労働者の適正処遇（最低賃金以上＋住宅費助成等）

　※上記２項目の人件費支払を取り組まない事業者は撤退してもらうしかない（人件費支出50％以下＝コストカットを目論む米国流の経営は論外と言えよう）。

(7) 少子化への抜本的対応〈21世紀型の新ベビーブームの実現〉

・日本高齢化の特質の第一は少子・高齢化であり、少子化問題の解決が達せられない限り日本社会は縮小均衡（「経済大国」からの転落）

・子ども手当（１人月額３万円支給）、母子保健サービスの拡充のほ

18）読売新聞2021年１月１日朝刊１面「高齢者住宅情報開示拡大／補助金審査厳格化」

か、0歳からの選択的皆保育制、並びに5歳就学制度（9月入学）の検討が不可避と思われる（はっきり言えば不妊治療助成策では少子化問題は解決しない）[19]。

(8) Pandemic に係る国際協力〈実践理性〉世界市民の QOL 共存

・発展途上国のワクチン・治療薬の普及を確保するためには、WHO加盟各国の応分の負担割合の明確化と併せて、下記新財源確保へ。

・タックス・ヘイブン等での「脱税」傾向にある多国籍企業等への課税、ならびに電子ソフトその他無形資産への課税と財源の適正配分の確保[20] [21]。

むすび

　以上、転換期の地域包括ケアシステムを取り巻く諸条件・諸要素について考察してきたが、大局的には2030年代に向かっての模索・対論が当面不可欠であり、例えば、新しいオルタナティヴ・明るい未来社会を構想するのも一案であろう[22] [23]。

　また、海外の識者の箴言に耳を傾けるのも悪くはないだろう。J.アタリは、フランス〜欧州・日本・米国の先進工業国に共通するグローバリゼイション＝新自由主義の限界・弊害を克服し、ニューノーマルの時代になすべき方途を示唆している。その際「先進」民主主義の「5原則」として、①代議制（全市民を反映）、②命を守ること、③謙虚であること、④公平であること、⑤将来世代の利益を民主的に考慮することを挙

19）村川浩一『日本の福祉行財政と福祉計画』序章（第一法規、2017年）

20）諸富徹『グローバル・タックス―国境を超える課税権力（岩波新書）』（岩波書店、2020年）

21）ジョアン・ランガー・ロック、マルテン・ヒートランド「オランダという世界最悪のタックスヘイブン」フォーリン・アフェアーズ・レポート、2019年12月号

22）柏井宏之・樋口兼次・平山昇『西暦2030における協同組合―コロナ時代と社会的連帯経済への道』（社会評論社、2020年6月）

23）藤井威『福祉国家実現へ向けての戦略――高福祉高負担がもたらす明るい未来』（ミネルヴァ書房、2011年）

げている[24]。

　最後にポストコロナに向けた想いを福祉介護・医療看護現場で奮闘する方々に届けたいと考え、団塊世代がかつて唱和した曲を一部改変して本稿の末尾としたい。

　♪We　shall　overcome,

　♪We　shall　overcome,

　♪We　shall　overcome　COVID-19！

　♪Oh, deep　in　my　Heart, I　do　belive.

　♪We　shall　overcome　some　day！

（タイトル『We shall overcome』〔原曲：チャールズ・ティンドリー、歌唱：ジョーン・バエズほか〕を一部改変）

24）ジャック・アタリ『命の経済──パンデミック後、新しい世界が始まる』（プレジデント社、2020年）

編著者一覧

朝田　隆（あさだ　たかし）
筑波大学名誉教授、メモリークリニックお茶の水院長
◇略歴：東京医科歯科大学医学部卒、東京医科歯科大学神経科、山梨医科大学精神神経科、国立精神・神経センター武蔵病院を経て、2001年筑波大学臨床医学系精神医学教授、2014年東京医科歯科大学医学部特任教授、2015年から現職。
◇主な著作：『認知症グレーゾーン』（青春出版社、2020年）、『認知症予防の権威が明かす100歳までボケずに生き抜く朝田式「脳トレ」』（大和出版、2020年）、『専門医がすすめる60代からの頭にいい習慣』（三笠書房、2018年）

村川　浩一（むらかわ　ひろかず）
東京福祉大学・大学院教授（社会福祉学）
◇略歴：慶應義塾大学経済学部卒、川崎市民生局・社会福祉主事、厚生省老人福祉専門官、日本社会事業大学教授・社会事業研究所長、大阪河崎リハビリテーション大学教授・図書館長を経て、2017年から現職。
◇主な著作：『在宅ケアの国際比較』（共訳、中央法規、1992年）、『高齢者ケア実践事例集』（編著、第一法規、1993年〜）、『介護保険の政策・現場実践シリーズ　全5巻』（共編著、東京法令出版、2000年）、『地域福祉計画・次世代育成支援計画ハンドブック』（編著、第一法規、2005年）『地域リハビリテーション白書③』（共著、三輪書店、2013年）

サービス・インフォメーション

━━ 通話無料 ━━

①商品に関するご照会・お申込みのご依頼
　　　　TEL 0120(203)694／FAX 0120(302)640
②ご住所・ご名義等各種変更のご連絡
　　　　TEL 0120(203)696／FAX 0120(202)974
③請求・お支払いに関するご照会・ご要望
　　　　TEL 0120(203)695／FAX 0120(202)973

●フリーダイヤル(TEL)の受付時間は、土・日・祝日を除く
　9:00〜17:30です。
●FAXは24時間受け付けておりますので、あわせてご利用ください。

ポストコロナ時代の高齢者ケア
―2025地域包括ケア転換期に立って―

2021年5月10日　初版発行

編　著　朝　田　　　隆

　　　　村　川　浩　一

発行者　田　中　英　弥

発行所　第一法規株式会社
　　　　〒107-8560　東京都港区南青山2-11-17
　　　　ホームページ　https://www.daiichihoki.co.jp/

装　丁　篠　　　隆　二

ポストコロナケア　ISBN978-4-474-07465-1　C2036 (8)